計算論的思考を育む Pythonプログラミング 実践問題集

著者：綾 皓二郎

近代科学社 Digital

まえがき

　本書は，プログラミングの文法は学んだけれども，自分でプログラミングする力がなかなか身に付かないと悩んでいる方々への演習書として企画されたものです。本書でのプログラミング学習の目標は，学習者が自分の頭で考えてアルゴリズムを考案あるいは理解し，実際にプログラムを作成し評価することによりプログラミング力を確実に習得できるようにすることです。

　主たる読者層として初めてプログラミングを学ぶ，大学一，二年生や高専生を想定していますが，専門課程の大学生，プログラミング教育を担当する高校の教員の皆様にもじゅうぶん使っていただける内容となっております。本書は教室で教科書として使えるだけでなく，読者が独学でも無理なく読み進められるように配慮してあります。

　前著『計算論的思考を育む Python プログラミング入門』（近代科学社，2023）は，計算論的思考（computational thinking, CT）を軸にしたプログラミングの考え方を学ぶものでしたが，本書はそれを受けて，実践的なプログラミング力を養成するための問題集として編まれています。Python に限らず文法の本は今では書店に溢れかえるほど出版されており，また資格や競技の対策本はあっても，計算論的思考にフォーカスを当てた演習書や問題集となるとほとんど見当たりません。本書では，前著と同様に，初級から中級レベルのアルゴリズムとプログラミングの問題を幅広い分野から多数収集し著作しています。例題が 100 題，課題が 173 題で，読者がデータを用意するものを除き，すべて解答付きです。課題の解答プログラムは，本書のサポートページに掲載されています。なお，前著では扱えなかったアルゴリズムや手法，文法事項の知識を必要とする問題がかなり含まれていますが，これらについては丁寧に説明しています。

　プログラミングするにはアルゴリズムが必須ですが，アルゴリズムの考案・理解だけでは解決とはならない課題がたくさんあります。というよりは，世の中の課題にはプログラミングすることにより処理結果を得て評価して初めて解決となることが圧倒的に多いといえます。そこで本書の狙いの一つは，プログラミングは，アルゴリズムの考案・理解と並んで，きわめて重要で価値があることに知っていただくことにあります。さらにもう一つの狙いは，例題・課題に取り組むことで，読者の皆さんが CT の考え方とスキルを身に付けるだけでなく，アハモーメントを体験し，センス・オブ・ワンダーが触発され，事象の本質を掴めることができるようになることです。

　プログラミングの考え方とスキルを習得するには「学んで慣れよ」すなわち，きちんと学んだことを実地で繰り返して慣れることが肝要となります。さらに，プログラミングではエラーが頻出しますが，間違いを恐れない気持ちをもつことが大切になります。エラーに対処する試行錯誤の過程で論理的思考力が育まれ鍛えられるからです。本当の意味での知識は，自分の頭で考え，身体を動かして実践し，試行錯誤を通して能動的に学ばなければ身につきません。

　それではプログラミングにチャレンジして大いに楽しんでください。

2024 年 4 月

綾 皓二郎

目次

第5章　多様なアルゴリズムとプログラミング

第6章　シミュレーションのプログラミング

序章

本章は，実際にプログラミングする前の準備の
章です。前著『計算論的思考を育む Python プロ
グラミング入門』（近代科学社，2023）での説明
と重なる部分もありますが，プログラミングに先
立って知っておくべきことを要約しています。

0.1　本書でのプログラミングと学習の環境

　本書でのプログラミング環境は，第 1 章から第 7 章までは，**Google Colaboratory (Colab) & Google Drive** を使用して，Colab のノートブックでプログラミングします。第 8 章と第 9 章は，**Anconda** の Jupyter Notebook を使用します。これらの使い方については，参考文献や参考 Web サイトがたくさんありますので，それらを参照してください [1][2]。

　学習環境は，Colab の下での授業と独学を想定しています。ChatGPT などの生成 AI を使うことは OK です。参考文献としては文献案内の全般にわたるものを参照してください [3]-[18]。高校の教科「情報」の教科書も入れておきましたが，高校生にはかなり高度と思われる内容が「情報II」には含まれています。

0.2　Google Drive の取り扱いについて

　本書ではプログラミングに主として Google Colaboratory（Colab）を使いますが，それには Google Drive が必須となります。Google Drive について以下のことに注意してください。

・ アカウントへの不正アクセスを防ぐ対策をしてください。パスワードの安全性の確保と 2 段階認証をお勧めします。

・ ファイルやフォルダを共有する場合には，アクセス権を設定し，アクセス許可を適切に管理します。

・ Google Drive をマウントし，Colab から自分の Google Drive のファイルにアクセスすることができますが，お勧めしません。本書ではファイルはその都度 Colab ノートブックにアップロードするようにしています。この場合にユーザーが指定できるファイルは，Colab のカレントディレクトリ内に制限され，セッションが終了したら，それらのファイルは自動的に消去されます。

・ Google Drive をマウントする場合には，セキュリティ上のリスクを認識し，適切なセキュリティ対策を講じてください。Colab のセッションが終了したら Google Drive をアンマウントします。

0.3　いくつかの用語の説明

　プログラミングの深さと広がりを，次の 7 項目に適宜分けて説明している箇所があります。

【Arg】アルゴリズム
【Prg】プログラミングの方法や文法用語，プログラミングチップス（tips）
【CS】プログラミングの理解に必要な，広い意味でのコンピューター科学
【Math】プログラミングの理解に必要な数学や統計学

【Eng】プログラミングの英語，および英語の発想

【NB】注意／補足事項。NB はラテン語 nota bene の略。

【GPT】ChatGPT の説明や質問，依頼事項など

たとえば，

【NB】課題，課題解決

　世の中にはたくさんの問題やアイデアが溢れていますが，それらにはコンピューターに解決を課すことができるものとできないものがあります。本書ではコンピューターに課すことのできる問題やアイデアを**課題**と呼んでいます。コンピューターによる**課題解決**とは，アルゴリズムをプログラムに変換して実行し，正しい計算結果を得て，評価することです。

0.4　計算論的思考（CT）とは何か

　本書では，**計算論的思考（Computational Thinking，CT）**を育むプログラミングの実践を主題としています。それでは CT とは何かとなりますが，前著での CT の定義を再掲します [3]。

　「計算論的思考とは，複雑な課題の解決やシステムの設計に，数理科学やコンピューター科学，計算科学，理工学などにおける思考の諸概念を用いる知の方法論および思考のプロセスである」。ここで CT がコンピューター科学の流儀や領域を歴史的にも今日的にも超える思考法と捉えていることに留意してください [4]。このことは，後の章で明らかとなります。

　それらの要素的概念には，分析，抽象化とモデル化，定式化，分解と分割，構造化，結合と統合，演繹と帰納，類推，再帰，パターン認識，機能と写像，変換／逆変換，再利用，トレードオフなどがあります。このうち，**コアとなる概念は，抽象化とモデル化，分解と分割，パターン認識，再利用です。これらのコア概念に共通する根本的な考え方は，複雑な課題を単純化して課題解決を平易化することです。さらに，CT では，効率，結果の評価もきわめて大切な概念です。**

　要素的概念は，課題解決のプロセスにおける思考活動の一つを表すものです。たとえば，アルゴリズム構築やプログラミングは，課題解決のための思考プロセスです。アルゴリズム的思考とは，CT の諸概念に基づいてアルゴリズムを考案・構築する場合に必要となる思考法のことです。プログラミング的思考とは，CT の諸概念をプログラミングに適用し，アルゴリズムをプログラムに変換し，プログラムを作成する場合に必要となる思考法です。CT は，この二つの論理的思考法を統合するもので，アルゴリズム構築や（狭い意味での）プログラミングにおいて必須のスキルといえます。

　CT について，高校「情報 I」の教科書に「情報が収集・分析・統合される活動の背後には，必ずコンピューテーショナルシンキングが働いています。そしてコンピューテーショナルシンキングを養う格好の題材がプログラミングとデータ活用なのです」とあります [8]。ただし，これ以上の説明はありません。

0.5　コンピューターを用いた課題解決の全過程

　本書での課題解決とは，下記の①から⑨の全過程を指しています [3]。①と②がアルゴリズ
ム構築，③〜⑨が狭い意味でのプログラミング，①〜⑨が広い意味でのプログラミングとなり
ます。

① 問題を分析し抽象化して，課題を抽出し，何が課題解決に要求されているかを把握します。

② 課題解決のために曖昧さのない定式化されたアルゴリズムを考案します。あるいは，既にあ
　 るアルゴリズムの中から適切なものを選択します。

③ アルゴリズムに基づいてプログラムのアーキテクチャー（architecture）を設計します。

④ アルゴリズムをプログラミング言語を用いてソースコードからなるプログラムに変換します。
　 ここでのコードの記述と修正がコーディング（coding）です。

⑤ 作成したプログラムをコンピューターに実行（run）させます。生じたエラーを修正して，
　 実行結果を得ます。

⑥ 実行結果（解）が課題の正しい解決をもたらしているかどうかを吟味します。

⑦ 課題解決に至らない場合には通常④〜⑥を繰り返しますが，ときには①〜③まで遡ることが
　 あります。

⑧ 結果の正しさを確認して課題解決に至れば，プログラミングはひとまず終了します。

⑨ 解の信頼性やプログラムの効率（efficiency），再利用性（reuse）など，実行結果の評価を
　 行います。

　プロセス④〜⑦では，人間の思考とコンピューター上での試行が交互に進行します。プログラ
ムの文法的エラーや実行時のエラー，論理的エラーの修正，再実行という試行錯誤のプロセスを
経てはじめて課題解決となる実行結果を得ることができます。この全過程を自分の頭で実践でき
るようになることで，プログラミング力が身につきます。

　以下では，アルゴリズムとプログラミングを並列して述べるときには，狭い意味で述べること
があります。使い分けは文脈で判断してください。プログラミングをコーディングの意味で使う
ことはありません。

0.6　プログラミングの学習における注意事項

　本書でいうプログラミングの学習とは，プログラミング言語の文法と作法を知って実際にプロ
グラムを自ら作成する過程のなかで，分析・設計・実行・評価を含む（広い意味での）プログラ
ミングとは何かを学び，「計算論的思考」を育むことです。プログラミングでは次のことに注
意してください。

(1) プログラミングを学ぶ目的と目標を明確にします。

(2) 自分の頭で考え納得できるプログラミングを実践します。はじめのうちは例題プログラムを

「写経」してもかまいませんが，コピー＆ペーストに依存していては，目標を達成することはできません。

(3) 様々な課題について，アルゴリズムを学び，プログラムを実際に作成して，課題解決し，結果を評価する経験と知識を積んでください。

0.7　例題・課題とプログラミングの実践

　本書では自分の頭で考えるプログラミングの**実践**を何よりも重視しています。例題・課題は，章ごとに難易度を二段階に分けて，やや難しいものには番号の後に＊を付けていますが，当初は作成・実行に時間がかかってもかまいませんので，自分が納得できる，アハモーメントや達成感を感じることができるプログラミングとなるようにしてください。次の段階では，実行効率を高めることやプログラムを分かりやすくコンパクトに書くことを試みます。プログラムの実行結果（値や図）は1例だけを示している場合や，実行結果が提示されてない場合がありますが，その場合には各自で実行して結果を確かめるようにしてください。すべての例題・課題について実行結果が正しいことは確認していますが，起こりうるすべてのケースに対応したプログラムとはなっていません。たとえば，データ（数値や文字列，ファイル名など）の入力を求める場合に，不適切なデータや入力方法に対する処理をほとんどの場合に省略しています。また，実行中に起きうるエラーに対しても例外処理をほとんどの場合に設けていません。作成したプログラムを学習の範囲を超えて使用する場合や公開するときには，適切な対応をとるようにお願いします。

　例題・課題のアルゴリズムとプログラムについては，次のことに注意してください。一つの課題にアルゴリズムは一つではありませんし，同じアルゴリズムでもプログラムのコードの記述は様々です。掲載しているプログラムはあくまで説明用の一例で，分かりやすさを優先させていますので，効率的とは言い難い，冗長なコードブロックも含まれています。データサイズは，ほとんどの場合に小さく取っていますので，適宜サイズを大きくしたプログラムとして実行してください。また，同一課題の異なるアルゴリズムの複数のプログラムについて，できるだけ大きなデータサイズを選んで，実行効率の違いを比較する体験をしてください。実行時間が長すぎる場合には，途中で実行を強制終了させてかまいません。

　プログラミングにおいては，問題を分析して課題を捉え，次のことを考えてください。

- どのようなアルゴリズムが新たに考えられますか。既に学んだアルゴリズム（の一部）を再利用できませんか。例：二分法などの逐次近似，モンテカルロ法，再帰など。
- 何を抽象（捨象）化しますか，どのようにモデル化しますか。どのように計算化しますか。
- どのように定式化しますか。例：すでに認められた数式があれば，それを使います。
- 課題やプログラムをどのように分解・分割しますか。
- 課題にはどんなパターン（規則性）がありますか。パターンがあれば再帰が使えることが多い。
- 何を再利用しますか。どのような関数，メソッド，クラス，定数が再利用できそうですか。
- どのようなデータ型，データ構造が使えそうですか。

- どのようなオブジェクトが必要となりますか。どのようにオブジェクトを操作しますか。

- 課題では，何を評価しますか。

0.8　生成AI ChatGPTの使い方

プログラミングに限らず学習一般で，ChatGPTは使い方に注意すれば有用なアシスタントとして利用できます [19][20]。著者もプログラミングや原稿作成で，無料版のお世話になっています。注意すべき点は，

(1) 回答がいつも正しいとは限りません。回答が正確性，信頼性を欠くことがありますので，回答を得ても，疑問があれば他の情報源にあたり，自分の頭で課題解決を考えるようにしてください。

(2) 所望の結果を得るためには，具体的に手順を追って的確な質問を積み上げる必要があります。曖昧な質問や依頼では満足する回答は得られません。

(3) 1回の質問だけでは満足する回答が得られないことが多いです。回答で得られた説明がよく分からなければ，該当箇所を示して引き続き質問します。これを自分が納得できるまで繰り返します。相手は機械ですから，初歩的な質問でも質問を繰り返すことを遠慮する必要はありません。

(4) 質問や依頼事項はいきなり「Send a message」欄にキーボード入力するのではなく，テキストエディターで質問・依頼の内容をよく整理してからプロンプト（指示文）とします。質問は順序付けて箇条書きにするとよい。こうすることで，入力の誤りを防げるだけでなく，的確な質問が作れ，より適切な回答が得られます。

(5) 質問する際には，質問分野での知識や能力，経験などの自分のレベルを明確に伝えることで，自分が求めている的確な回答を引き出すことができます。たとえば，高校生が容易に理解できる言葉と文章で説明をお願いします，など。

(6) ChatGPTの回答をコピペして公開すると著作権の侵害となる場合があります。ChatGPTの回答には出典が明示されることは稀ですから，回答をそのまま引き写して公開することには慎重でなければなりません。

(7) ChatGPTへの質問や依頼では，個人情報や機密情報を含めないようにセキュリティに注意してください。

(8) プログラムの作成では，アルゴリズムやプログラミング言語，プログラミングパラダイム（手続き型／オブジェクト指向）を指定し，データを与えて依頼することができます。

(9) プログラムの回答には，プログラムの初級，中級のレベルを指定するとよい。自分が初心者であれば，初心者の理解を考慮したコードで分かりやすいプログラムを作成するように依頼します。そうしないと，簡潔ですが，理解が難しいコードが含まれることがあります。

(10) 文法について質問することができます。文法書や検索で調べるよりも手っ取り早く要点が分かることが少なくありません。文法の知識の整理にも質問が使えます。

(11) ある言語のプログラムを他の言語のプログラムに変換することも受け付けてくれます。ただし，変換されたプログラムが正しく動くことは保証されていません。他人が考案／作成したアルゴリズムやプログラムが分からなければ，それを貼り付けて質問します。自作のプログラムで起きたエラーの原因と修正方法を尋ねることもできます。

(12) 正しいプログラムが一発回答で得られこともあれば，翻訳でいえば「下訳」として使うことができるレベルの回答もあります。異なる回答を得るために，「Regenerate」することもできます。いずれにせよ，回答プログラムをリファイン（refine）し，リファクタリング（refactoring）する努力を惜しまないでください。

(13) 回答プログラムをコピペするだけではプログラミング力は身につきません。回答プログラムは必ず自分自身で実行して正しい結果，あるいは自分が望む結果が得られたか，エラーが生じることはないかを確かめる必要があります。

(14) 回答で得られた説明がよく分からなければ，また回答プログラムを実行してエラーが起きれば，該当箇所を示して引き続き質問します。質問には即座に回答してくれますが，質問内容を詳しく検討して回答しているわけではないことが，応答により分かります。

(15) 履修科目での ChatGPT の使い方は，担当教員の指示に従ってください。

それでは，ChatGPT に以下の質問・依頼をして，回答をよく読んで考え，今後のプログラミングの参考としてください。

【GPT】ChatGPT への質問と依頼，回答への対応

(1) アルゴリズム構築やプログラミングにおいて，どのように ChatGPT を活用できるでしょうか。具体例をあげて，説明してください。

(2) アルゴリズム構築やプログラミングで ChatGPT 活用する場合にどのようなことに注意すればよいでしょうか。項目をあげて説明してください。

(3) プログラミングにおける計算論的思考の重要性について項目をあげて説明してください。

(4) プログラミングにおいて言語の文法とデータ構造，アルゴリズムが果たす役割について具体なプログラムを例にして教えてください。言語は Python を使ってください。

(5) 生成されたプログラムの著作権について，どのようなことに注意すべきか教えてください。

(6) 次のアルゴリズムに基づいて，Pyhton のプログラムを作成してください（質問者はアルゴリズムを提案し，生成されたプログラムを実行して正解が得られることを確認します）。エラーが起きた場合には，エラー箇所のコードとエラーメッセージをコピペしてエラーの原因と対策を尋ねます。

(7) 教科書あるいは Web サイトの教材から適当な Pyhton プログラムを選んで，これを「Send a message」欄に貼り付け，アルゴリズム，プログラムの概略，各コードの説明を求めてください。

【NB】Google の生成 AI　Gemini の利用

　生成 AI には，Google に Gemini があります。Gemini が日本語に対応し無料で利用できることは ChatGPT と同じです。プロンプトを入力する画面の下に「Gemini は不正確な情報（人物に関する情報など）を表示することがあるため、生成された回答を再確認するようにしてください」との注意のメッセージが表示されています。一つの質問に回答案が三つ提示され，説明も丁寧です。また，回答には Google 検索で再確認することができるように URL が出力される場合もあります。プログラムの作成依頼で便利なことは，回答を Google Colab にエクスポートできますので，プログラムを直ちに実行し結果を確認できることです。

　生成 AI の複数のサービスを利用して知識を確実なものにしてください。

第1章

手続き型プログラミング入門

　手続き型のプログラミング（Procedual Oriented Programming, POP）言語における構造化プログラミングでは，プログラムを順次（sequence），条件分岐（conditional branching），繰り返し（iteration, loop）という三つの基本構造のブロックに論理的に分割して作成し，これらを統合して一つのプログラムとします。

　本章では，順次，条件分岐，繰り返し構造，それらの組み合わせの順に，比較的短いシンプルなプログラムを作成します。プログラムのフラット化についても学びます。文法事項では，変数，リスト，文字列，タプル，集合，辞書，算術演算子，論理演算子，**if, else, elif** 文，**for** 文，**while** 文，関数，メソッドなどを扱います。なお，関数やメソッドの本格的な使用は，第2章以降でおこないます。

1.1 順次構造と順次処理，プログラムのフラット化

本節では，順次処理のプログラムの作成とプログラムのフラット化をおこないます。アルゴリ
ズムは易しいものを扱います。短いプログラムにプログラミングの本質を垣間見ることができる
ことを留意してください。プログラムのフラット化は，たとえばコードブロックを関数化するこ
とで実現することができますが，プログラムはフラットになったけれど，逆に難しくなったと感
じるかもしれません。その場合には，とりあえず，こういうやり方があると知って先に進んでく
ださい。

【Prg】プログラムにおいてフラット（flat）が意味すること

フラット（flat）とは，having a level surface; without raised areas or indentations
(COD) であり，でこぼこがなく水平なことです。Python のプログラムでいえば，すべて
のコードがセルの左端から始まっていて，インデント（字下げ）したものがないことです。
Python の条件分岐（選択）や繰り返し（反復）処理のブロック，関数やクラスの定義では，同
格のコードを字下げすることがルールになっていますので，でこぼこのあるプログラムとなりま
す。インデントは，Colab では 2 個の半角の空白，Anaconda では 4 個の空白が慣例です。

字下げがルールでないプログラミング言語を含めて，一般にプログラムがフラットでないとい
うことは，処理の流れ（flow）が一方向ではないことを意味します。順次構造のプログラムは字
下げのないフラットなコードからなり，処理の流れは上から下への一方向で変化しませんので，
思考の流れもスムーズに進みます。他方，条件分岐や繰り返しでは，字下げのあるなしにかかわ
らず，処理の流れが途中で分岐したり，元に戻って繰り返したりしますので，思考の流れはス
ムーズにはなりません。

The Zen of Python（PEP20）に Flat is better than nested. Simple is better than
complex. があります。プログラムが順序構造で作成されていれば，フラットでありシンプルで
あることで，プログラムの可読性は高く，バグの発生を防ぐのに有効です。しかし，通常プログ
ラムには条件分岐や繰り返しの構造は，残念ながら不可避です。というのは，順序構造だけでは
記述できない課題が圧倒的に多くあるからです。また冗長さを避け，効率的なプログラムを作成
するためには，繰り返し構造を必要とします。そこで，条件分岐や繰り返し処理のプログラム
は，作成が一般に難しくなり，構造は複雑になり，可読性が低下します。特にやっかいなのは，
プログラムが多重（入れ子，ネスト）の条件分岐や繰り返し，およびそれらの組み合わせになる
場合です。ただし，プログラムをできるだけフラットにする，ネストを浅くする手立てはありま
す。たとえば，アルゴリズムを工夫することや，定式化で適切な数学公式を見出すこと，内包表
記や通常の関数やメソッド，高階関数を用いることにより条件分岐や繰り返し構造を隠蔽するこ
とで，それが可能となります。

1.1.1 和算における代入演算の順次処理

例題 1.1

和算の「**油分け算**」をおこなう。川の水 5 リットルを，4 リットルのバケツと 7 リットルのバ
ケツを用いて得る手順をプログラムする（和算での升をリットル L に，桶をバケツに改めた。以

下，和算の出典は『塵劫記』[21])。

【ヒント】

　加減算の代入演算のプログラムとします。変数とデータを代入により**結合**します。

・ バケツには目盛りがありません。
・ バケツは水で満杯にすることができ，また満杯の水を捨てて空にすることもできます。
・ 4L のバケツにある水を 7L のバケツに何回かのステップに分けて移動させます。4L のバケツが空になるまで水を移す場合と，7L のバケツが満杯になるまで水を移す場合があります。
・ 7L のバケツに水 5L を確保できれば，課題は解決となります。

　アルゴリズムとして，表 1.1 の第 2 列と第 3 列の空欄に数を入れて，手続きを完成させてください。ここで，bk4，bk7 は，それぞれ 4L あるいは 7L のバケツに入っている水の量を表します。step は，水を移動させる各段階を表します。

① 表 1.1 の step に対応するコードを記述します。
② Python の代入演算では，変数および値を半角カンマで区切ることで複数の変数に複数の値を同時に代入することができます。たとえば，二変数 x, y に，a を x に，b を y に代入するとして，x = a，y = b と書く代わりに，まとめて x, y = a,b と書くことができます。

表 1.1　「油分け算」におけるバケツの状態

step	bk7	bk4	備考
0	0	0	初期状態
1	0	4	bk4を 4 Lにする
2			
3			
4	7	1	bk4の 3 Lをbk7に移す
5			
6			
7			
8	5	0	最終状態

プログラム　yuwakezan.ipynb

```
 1: bk7, bk4 = 0, 0
 2: bk4 = 4
 3: bk7, bk4 = bk4, bk4 - 4        # bk7 4L, bk4 = 0
 4: bk4 = 4
 5: bk7, bk4 = bk7 + 3, bk4 - 3    # bk7 7L, bk4 1L。bk4 の 3L を bk7 に移す
 6: bk7 = bk7 - 7                  # bk7 0L
 7: bk7, bk4 = bk4, bk4 - 1        # bk7 1L,  bk4 0L
 8: bk4 = bk4 + 4                  # bk4 4L
 9: bk7, bk4 = bk7 + bk4, bk4 - 4  # bk7 5L,  bk4 0L
10: print('bk7:', bk7, 'L')        # bk7 に 5L の水が得られた
11: print('bk4:, bk4, 'L')         # bk4 は empty, 0L
```

　ここで，プログラムの左端の数字は行番号になります。引用するときには L1 のように表します。コードは : の後に半角の空白をおいて始まります。# 以降はコメントです。

　水の量をリストで表して，これをアンパックして代入するようにすれば，次のプログラムとなります。

```
1: bk7, bk4 = [0, 0]
2: bk7, bk4 = [0, 4]
3: bk7, bk4 = [4, 0]
4: bk7, bk4 = [4, 4]
5: bk7, bk4 = [7, 1]
6: bk7, bk4 = [0, 1]
7: bk7, bk4 = [1, 0]
8: bk7, bk4 = [1, 4]
9: bk7, bk4 = [5, 0]
```

これから，表 1.1 の第 2 列と第 3 列の空欄に入る数が分かります。

　不定方程式 $7m + 4n = 5$ において，これを満たす整数を求めれば $m = -1$，$n = 3$ となります。これは，bk7 で 7L の水を 1 回捨て，bk4 で 4L の水を 3 回汲むことを意味します。これを上のプログラムで確かめてください。

課題 1.1

　10 升の桶に入った油を 7 升の枡と 3 升の枡を用いて，5 升ずつに分けるにはどうすればよいか。プログラムでは，桶と枡を Jug，升を L として扱う。水の量をリストで表して，これをアンパックして代入するプログラムにせよ。

課題 1.2

　和算の「**入れ子算**」をおこなう。1, 2, 3, 4, 5, 6, 7, 8 L 鍋の 8 個で一揃いの入れ子の鍋がある。1L 鍋を x 円とし，鍋の値段は大きさに比例して高くなるものとして，合計の値段が43200 円のとき，それぞれの鍋の値段はいくらになるか（元の和算での升をリットル L，合計の値段 43 両 2 分を 43200 円に変更した）。

1.1.2　フラットな順序処理とする方法

　フラットな順序処理のプログラムを作成するには，計算式を使って**抽象化**する方法があります。また，関数やメソッドを使って処理の詳細を隠して抽象化し順序処理とする方法もあります。

例題 1.2

　1〜n までの整数の総和を**ガウスの方法（等差数列の和の公式）**によって求める。

プログラム　sum1.ipynb

```
1: n = 100
2: s = int(n * (n + 1) / 2)          # 等差数列の和の公式
3: print(s)                          # 5050
```

　総和を求めるために $1 \sim n$ までを順に足していく順序処理 $s = 1 + 2 + 3 + \ldots + n$ は素直で分かりやすいのですが，n が大きくなると，とても冗長なプログラムとなって，コードを書くのもイヤになります。冗長さが過大になると，プログラムは順所処理でも分かりにくくなります。この例題はアルゴリズムを工夫して定式化すれば，**数学公式**を使ってフラットで短いプログラムにできるだけでなく，一発で解が求まります。

　総和を求めるプログラムで冗長さを避けるための有力な方法は，for 節を用いる繰り返し処理です。

```
n = int(input('Enter an integer n: '))
s = 0
for i in range(1, n+1):
  s += i                             # Colab では，字下げは 2 個の半角の空白を推奨している
print(s)                             # n = 100 で，5050
```

この例は単純な繰り返しですからまだ分かりやすいですが，プログラムはフラットではありません。また，繰り返し処理に for 節や while 節を使わないで，関数を定義して漸化式（再帰関係式）を使えば，再帰呼び出しでも総和は求まりますが，プログラムはフラットではありません。

```
def sum_r(n):                        # 関数の定義
    if n == 1:                       # 4 個の空白の字下げでも間違いではない
      return 1                       # 2 個の空白の字下げが Colab では慣例
    else:                            # 4 個と 2 個の空白の字下げが混在するのは好ましくない
      return sum_r(n-1) + n          # 再帰呼び出し
n = int(input('Enter an integer n: '))
print(sum_r(n))
```

ただし，関数をモジュール化してしまえば，プログラムはフラットになります（後述）。また，再帰処理には特有の問題もあります。再帰の考え方が理解しにくい，for 節などの繰り返しより実行時間がかかることが多い，スタックオーバーフローというエラーが起きることがある，などです。

　次は，関数やメソッド，内包表記を使って**抽象化**して，フラットな順序処理とする方法です。

例題 1.3

　組み込み関数 sum(iterable) を使って，1 から n までの総和を求める順序処理のプログラムを作成する。

プログラム　sum2.ipynb

```
1: n = int(input('Enter an integer n: '))        # n = 100
2: print(sum(range(1, n+1)))                      # n = 100 で, 5050
```

関数 sum() と range() を使うことにより，for 節を使わないでプログラムをフラットにシンプルにしています。このように関数を使うと，手続きの詳細を記述する必要はなくなり，課題を一挙に解決することができます。課題解決に求めていることは，多くの場合，第一に結果であって，結果を求める手続きではありません。sum() の引数にリストを用いて [1, 2,..., 99, 100] と書くのは大変ですから，range() 関数を用いています。range() 関数を使って，

```
sum(list(i for i in range(1, n+1)))
sum([i for i in range(1, n+1)])              # [ ] をとって, ジェネレータ式も可
```

としてもよいのですが，簡潔さに欠けます。for 節による繰り返しでも，自分で**関数化しモジュールファイル**にして隠蔽してしまえば，プログラムは関数を呼び出すだけでよいのでフラットになります。sumx モジュールに sumx 関数を収めているとします。

```
# モジュールファイル sumx.py
def sumx(n):
  s = 0
  for i in range(1, n+1):
    s += i
  return s

import sumx                                # モジュールのインポート
n = int(input('Enter an integer n: '))     # n = 100
print(sumx.sumx(n))                        # 5050
```

繰り返しを使わないでフラットにして総和を求めるには，**高階関数** reduce() を用いる方法もあります。

例題 1.4
　高階関数 reduce() を用いて，1 から n までの総和を求める順序処理のプログラムを作成する。

【Prg】高階関数 reduce()
　reduce() 関数は reduce(関数名，イテラブル) という書式をとり，機能は減らすこと (reduction) です。第1引数に処理内容の関数名を書き，第2引数に処理対象のイテラブルを指定します。reduce() 関数は，functools モジュールにある高階関数で，リストやタプルなどのイテラブルの各要素に対して，二つの引数をもつ関数を左から右に累積的に適用し最終的に一つの値として返します。

プログラム　sum3.ipynb

```
1: from functools import reduce
2: from operator import add        # operator モジュールの関数 add(x，y) をインポート
3: n = int(input('Enter an integer n: '))        # n = 100
4: print(reduce(add, range(1, n+1)))              # 5050
```

　関数 add（x，y）は，式 $x + y$ と等価です。関数名に無名関数を用いれば，次のプログラム
となります。

```
print(functools.reduce(lambda x, y: x + y, range(1, n+1)))
```

　定番の関数を使うメリットは，計算の結果を即座にエラーなしで得られることです。課題解決
のために，アルゴリズムを考えて，長い手続きを一つずつエラーなしで記述していくことは，か
なりシンドイ作業です。ですから，実際の仕事でのプログラミングでは関数の**再利用**を積極的に
行います。ただし，プログラミングの学習ではアルゴリズムを理解し，計算手続きを記述し，関
数を自作することは欠かせないトレーニングです（第 2 章）。

例題 1.5

　リストを逆順にするには，次の三つのやり方が簡単である。いずれの方法でも，逆順にする
コードは 1 行で済み，プログラムはフラットになるが，方法の違いを理解しておく。

(1) リストをスライスする。

(2) 関数 reversed(リスト名) を使う。

(3) メソッド　リスト名.reverse() を使う。

たとえば，datax = [1，4，2，3，5] を逆順にする。

プログラム　list_rev1.ipynb

```
 1: datax = [1, 4, 2, 3, 5]
 2: print(' 元のデータ', datax)
 3: #1 リストをスライスする
 4: print(' 逆順 1', datax[::-1])               # [5, 3, 2, 4, 1]
 5: #2 組み込み関数 reversed() を使う
 6: print(reversed(datax))                      # 逆順のイテレータ生成にとどまる
 7: print(' 逆順 2', list(reversed(datax)))     # 逆順のリストをつくる
 8: print(datax)                                # 元のデータは変更されていない
 9: #3 組み込みメソッド datax.riverse() を使う
10: datax.reverse()
11: print(' 逆順 3', datax)                     # 元のデータを破壊して逆順にする
```

L6 の組込み関数の使用では，リストオブジェクト datax を引数として渡しています。L10 の組
み込みメソッドでの使用では，リストオブジェクトとメソッドを**結合（binding）**しています。

例題 1.6

　日本人の氏名のローマ字書きで「名（given name），姓（family name）」の順を「姓，名」の順に変更する。たとえば，Soseki Natsume から Natsume Soseki に変換する順序処理のプログラムを作成する。

【ヒント】

　文字列 'Soseki Natsume' を，メソッド split() を使って，文字列を空白文字で分割し，名と姓を要素とするリストに変換します。

プログラム　jpn_name.ipynb

```
1: name_gf = 'Soseki Natsume'
2: list_name = name_gf.split()        # メソッド
3: print(list_name)                   # ['Soseki', 'Natsume']
4: gn, fn = list_name                 # リストのアンパック
5: name_fg = fn + ' ' + gn            # 文字列は + 演算子で連結できる
6: print(name_fg)                     # Natsume Soseki
```

例題 1.7 ＊

　自然数が与えられたとき，同じ数がいくつあるかを調べる順序処理のプログラムを作成する。

【ヒント】

　この例題では「数字」の世界で考えることにします。そうすると，文字列オブジェクトの count() メソッドを使えば，一つの数字列の中で，0～9 の各数字が出現する回数を求めることができます。求めた結果は，数字をキーとし，値を出現回数とする辞書の形で表すことにします。

プログラム　num_count.ipynb

```
1: digit = input(' 自然数を入力してください: ')              # 数字の入力
2: result = {str(i): digit.count(str(i)) for i in range(10)}    # 辞書の内包表記
3: list_vid = sorted(result.items(), key = lambda x:  x[1],
4:                    reverse = True)    # 辞書のソートだがリストが得られる
5: #print(list_vid)
6: print(dict(list_vid))                          # リストから辞書への変換
```

実行結果の一例

```
自然数を入力してください:  9784873117539
{'7': 3, '1': 2, '3': 2, '8': 2, '9': 2, '4': 1, '5': 1, '0': 0, '2': 0, '6': 0}
```

L2 は，辞書の内包表記で，range() 関数から 1 桁の数を 0 から順に 9 まで取り出し，それを数字に変換し，自然数の数字列 digit の中にその数字がいくつ出現するかを count() メソッドを用いてカウントし，数字 i をキーとする辞書の値としています。内包表記を使うと，for 節による繰り返しを 1 行にまとめてフラットにできるので，プログラムを簡潔にすることができます。L3，L4 の右辺は，辞書の項目の値による降順のソートで，値の降順に要素をダブル

（キー，値）とするリストが得られます（A.8 節参照）。L6 で，リストの要素のタプルを辞書での項目（キー：値）に変換しています。キーは数字，値は整数です。

標準モジュールの collections の Counter() クラスを使うこともできます。

```
from collections import Counter
digit = input(' 自然数を入力してください：')
print(Counter(digit))        #  （ ）内でクラスを呼び出しオブジェクトを生成している
```

結果は，出現回数の順番に出力されます。digit = '9784873117539' の場合では

```
Counter({'7': 3, '9': 2, '8': 2, '3': 2, '1': 2, '4': 1, '5': 1})
```

例題 1.8

x 円を年利 r ％で n 年借りた場合の単利と複利での元利合計を求める順序処理のプログラムを作成する。

【ヒント】

この場合には元利合計を求める**計算式**を知らなければどうにもなりません。ここで，プログラミングだけでなく，それぞれの専門分野もしっかり学ぶ必要があることを覚えておきましょう。

プログラム　yokin.ipynb

```
1: x = int(input('Enter a money(yen): '))
2: r = float(input('Enter an annual rate(%): '))
3: n = int(input('Enter years: '))
4: sums = x + x * r /100 * n
5: print(' 単利の場合の元利合計（円）', int(sums))
6: sumc = x * (1 + r/100)**n
7: print(' 複利の場合の元利合計（円）', int(sumc))
```

実行結果の例

```
Enter a money(yen): 1000000
Enter an annual rate(%): 1
Enter years: 5
単利の場合の元利合計 1050000
複利の場合の元利合計 1051010
```

課題 1.3 ✻

１万円をトイチで借りた場合の単利と複利での元利合計を求める順序処理のプログラムを作成せよ。

【ヒント】

トイチとは借入金利が「十日で一割の金利」の略です。1 年 365 日で，10 日を期末とすると

36.5 回あります。トイチの場合，複利で年利 3142.15 ％ となります。もちろん違法です。

課題 1.4

　二つの自然数 x, y の最大公約数（greatest common divisor，GCD）を求めよ（3.2 節参照）。ここでは math モジュールの 関数 gcd(x, y) を用いて順序処理のプログラムを作成する。

課題 1.5

　ある自然数 n が素数（True）か素数でない（False）かを判定せよ（3.4.1 項参照）。ここでは素数の判定には SymPy ライブラリの isprime() 関数を用いて順序処理のプログラムを作成する。

課題 1.6

　下記のリストの要素の最大値と最小値，平均値を求めよ。最大値と最小値は組み込み関数 max()，min() を，平均値は標準モジュール statistics の関数 mean() を使って順序処理のプログラムを作成する。次に，これらを for 節を使う繰り返しプログラムにより求める。

```
test = ['Math', 65, 73.6, 98.5, 68, 54, 75.8]
```

課題 1.7

　リストの要素がすべて等しいかどうかを確かめ，True/False を出力するプログラムを作成する。リストの要素はキー入力して得るコードとする。組み込み関数，メソッド，内包表記を使って順序処理のプログラムを作成せよ。

課題 1.8

　ひらがなのパスワードを生成する。random モジュールの関数 choice() を使って順序処理のプログラムを作成せよ。

課題 1.9

　文字列を逆順にするには，次の二つのやり方が簡単である。いずれの方法でも，逆順にするコードは 1 行で済み，プログラムはフラットになるが，方法の違いを理解しておく。

(1) 文字列をスライスする。

(2) 関数 reversed(リスト名) を使う。

たとえば，datax = 'abcdefg' を逆順にするプログラムを作成せよ。なぜ，文字列型には逆順にするメソッド reverse() がないか。その理由を考えよ。

課題 1.10 ✳

評価が 0〜100 点の試験で 60 点以上を合格とする。20 人の試験データのリストを random モジュールの randint() 関数を用いて生成し，合格者数とその合格点を求める順序処理のプログラムを作成せよ。

課題 1.11 ✳

学生の成績記録がリストで与えられている。リストの要素はタプルで，タプルの要素は（名前，評点，点数））である。リストを名前の昇順でソートする，次に点数の降順でソートする順序処理のプログラムを作成せよ。

```
list_rec = [('Mary', 'B', 75), ('David','A', 85,), ('Suzan', 'C', 65),
            ('John', 'S', 95), ('Robert', 'F', 55), ('Alice', 'A', 80)]
```

【ヒント】

リストや辞書のソートでは，関数 sorted(リスト or 辞書, key=, reverse=) を使います。第 2 引数 key= はオプションで，リストの要素がタプルで与えられた場合には，タプルの何番目の要素でソートするかを指定します。上の例では名前は第 0 要素ですから， key = lambda x: x[0] となりますが，これは省略できます。点数は第 2 要素ですから key = lambda x: x[2] となります。これは省略できません。第 3 引数は，昇順で並び替える場合には不要で，降順で並び替える場合には reverse=True とします（付録 A.8 節）。

課題 1.12 ✳

英語と国語の試験における，下記の点数データについて，相関係数，および回帰直線の傾きと y 切片を求めるプログラムをそれぞれの定義式に基づいて順序処理で作成せよ（平均値と標準偏差は関数を用いて求めてよい）。英語と国語のデータについて，それらの値を求め，Numpy ライブラリの関数から得られた値との一致を確かめること。この課題には散布図を描くことを入れていないが，相関係数を算出する前に必ず散布図を描き，回帰直線を散布図の上に引くこと。

```
eng = [83, 79.5, 50, 68, 72, 60.5, 90, 85, 55, 95]
jpn = [85, 74, 55, 72.5, 64, 60, 81, 77, 63.5, 90]
```

1.2　条件分岐構造と条件分岐処理

世の中では物事はいつも順次的に起きるものではありませんし，物事をある条件で選択して進まなければならないことは頻繁に起こります。これらの物事を処理するために，プログラムは，処理の流れを条件により分岐して，条件を満足するものを選択的に処理する条件分岐構造をとり

ます。選択的に処理するとは，対象から必要なものを抽出し，要らないものを捨てる処理となります（抽象化）。

　条件分岐では条件式の真偽（True/False）で処理を分岐させますが，条件分岐の構文として，if 文，else 文，elif 文が用意されています。条件分岐処理には次の 3 種類があります。

① if 節を用いる：条件が成立した場合だけ処理を行うタイプ

② if 節と else 節を用いる：条件が成立した場合と成立しない場合の二分岐の処理があるタイプ

③ if 節，elif 節，else 節を用いる：条件により三つ以上の多分岐の処理があるタイプ

ここで，else 節は必ずしも用いる必要はありません。条件分岐を明示的にするために，else 節を elif 節にしてもかまいません。また，if 節と else 節だけですと，条件分岐の入れ子（ネスト）が深くなることがありますので，elif 節を使って入れ子を浅くするとよい。

例題 1.9
　ある数の絶対値を求める条件分岐のプログラムを作成する。

プログラム　abs_num1.ipynb

```
1: x = float(input('Enter a number: '))
2: if x <0:              # 計算の手続きを書く
3:    x = -x
4: print(x)
```

上の場合 else 節や elif 節は，不要です。

例題 1.10
　ある数の絶対値を求める順序処理のプログラムを作成する。

プログラム　abs_num2.ipynb

```
1: x = float(input('Enter a number: '))
2: y = x * x                # 2 乗値を求め，次に正の平方根をとる
3: print(y**0.5)            # print((x*x)**0.5) と 1 行にまとめてもよい
```

　プログラミングには発想の転換が必要なことが分かるきわめて簡単な例です。ここで，目的を達するアルゴリズムは一つではないこと，プログラムの記述も一つではないことを知ってください。通常，アルゴリズムは，実行効率や作成効率，可読性を勘案して選択します。

　他にもっと簡単な組み込み関数を使う方法があります。

プログラム　abs_num3.ipynb

```
1: x = float(input('Enter a number: '))
2: print(abs(x))                 # 組込み関数を呼び出す
```

　関数は，何をしたいか，目的と機能をきちんと定め，処理の詳細を隠します。ここでは関数 abs() を使いましたが，関数を自作してモジュール化してインポートしてもよい。そうすることで，プログラムの複雑さを隠します。これにより，プログラムをフラット化します。

　プログラム abs_num1.ipynb で，if 節を無名関数（ラムダ式）の中に入れる方法を使えば，プログラムは短くフラットになりますが，分かりやすいとはいえません。

```
x = (lambda x: -x if x< 0 else x)(x)
```

例題 1.11

　酒気帯び運転の交通ルールと行政処分は，次のとおりである。呼気 1L 中のアルコール量について，アルコール量の測定値による点数と行政処分のプログラムを作成する。

- ・ 0.15mg 未満 0 点—違反とならない
- ・ 0.15mg 以上 0.25mg 未満 13 点—免許停止 90 日
- ・ 0.25mg 以上 25 点—免許取消　欠格期間 2 年

【ヒント】

　if,elif 節を使う多分岐プログラムを作ります。if 文，elif 文は同格です。

プログラム　drinker_drive.ipynb

```
1: a = float(input('Enter a measured value of alcohol(mg): '))
2: if 0 <= a < 0.15:         # Python では数学と同じように不等式が書ける
3:   p, s = 0, ' 無違反'
4: elif 0.15 <= a < 0.25:
5:   p, s = 13, ' 免許停止'
6: elif 0.25 <= a :
7:   p, s = 25, ' 免許取消'
8: print(' アルコール量:', a, '   違反の点数:', p, '  行政処分:',  s)
```

実際にアルコール量 a を入れて，プログラムの動作を確認してください。

例題 1.12

　二つの実数をキー入力する。基本的な算術演算子 +, -, *, /, //, %, ** の中から一つの演算子を選択してキー入力し，この二つの数の演算をする条件分岐のプログラムを作成する。if,elif,else 節を使う多分岐のプログラムとする。

プログラム　basic_calc1.ipynb

```
1: x = float(input('Enter a number: '))        # 実数の代入
2: y = float(input('Enter a number: '))
3: op = input('Enter an operatorr: ')          # 算術演算子の入力
4: if op == '+':
5:   z = x + y
6: elif op == '-':
```

```
 7:    z = x - y
 8: elif op == '*':
 9:    z = x * y
10: elif op == '/':
11:    z = x / y
12: elif op == '//':                # 切り捨て除算
13:    z = x // y
14: elif op == '%':
15:    z = x % y                    # 余り
16: elif op == '**':
17:    z = x ** y                   # ベキ
18: else:
19:    z = 'invalid'
20: print('result: ', z)           # 二項演算の結果の出力
```

例題 1.13 ＊

試験の点数により合否を判定する。score >= 60 を合格とするプログラムを**条件演算式（三項演算子）**

```
値 1　if　条件式　else　値 2
```

を使って作成する。

プログラム　test_pass.ipynb

```
1: score = float(input('Enter a test score: '))
2: ans = 'Pass' if score >= 60. else 'Failure'
3: print(ans)
```

L2 と L3 は，まとめて

```
print('Pass' if score >= 60 else 'Failure')          # （ ）内は文でなく式
```

としてもよい。三項演算子を使うコードは，慣れないと分かりにくいので，無理して使う必要はありません。if,else 節を使えば，少しだけ冗長となりますが，分かりやすいですから。

```
if score >= 60:
  print('Pass')
else:
  print('Failure')
```

課題 1.13

欧米の多くの国では，モデルの BMI（Body Mass Index，体格指数の一つ）が 18.0 以下だとファッションショーへの出演が不可となっている。出演の可否を if, else 節を使ってプログラムせよ。ここでは BMI の値はキー入力することとし，BMI の計算プログラムの作成は，次の課題でおこなう。

課題 1.14

成人の BMI（Body Mass Index）を求め，肥満の程度を判定するプログラムを作成せよ。肥満の判定基準は，下記の日本肥満学会の基準（2011）を用いる。表 1.2 に従って，条件分岐させる。

表 1.2　日本肥満学会の肥満基準

BMI	判定
18.5未満	低体重
18.5以上, 25未満	普通体重
25以上, 30未満	肥満（1度）
30以上, 35未満	肥満（2度）
35以上, 40未満	肥満（3度）
40以上	肥満（4度）

課題 1.15 ＊

ある西暦年が閏年かどうかを判定する条件分岐のプログラムを作成せよ。

【ヒント】

閏年を判定するアルゴリズムは，以下のとおり。

(1)（400 で割り切れる）または（4 で割り切ることができ，かつ 100 で割り切れなければ），閏年。
(2) そうでなければ，平年。

このアルゴリズムに素直に従えば if, else 節を使う条件分岐のプログラムとなります。

閏年を求めるだけならば，calendar モジュールの isleap(year) 関数を使えば，フラットでシンプルなプログラムとなります。この場合，関数でどのようなアルゴリズムを用いているかの詳細は知らなくてもよいのです。

課題 1.16

アナグラム（anagram）とは，文字数は固定して単語や文の文字を並び替えて，別の意味を持つ単語や文を作ることである。たとえば，live と evil。単語がアナグラムかどうかを判定

する条件分岐のプログラムを作成せよ。このプログラムでは並べ替えたものが特に意味を持たなくてもよいこととする。

課題 1.17

定形郵便物の規格内料金は，重量については，250g 以内 84 円，50g 以内 94 円である。定形として投函した郵便物の料金を求める条件分岐のプログラムを作成せよ。

課題 1.18

定型外として投函した郵便物の料金を求める条件分岐のプログラムを作成せよ。定形外郵便物の規格内料金は，重量について次のとおりである。

50g 以内 120 円，100g 以内 140 円，150g 以内 210 円，250g 以内 250 円，500g 以内 390 円，1000g 以内 580 円。

なお，規格内は，長辺 34cm 以内，短辺 25cm 以内，厚さ 3cm 以内および重量 1kg 以内である。

1.3　繰り返し構造と繰り返し処理

繰り返し（反復，ループ）構造とは，あるコードブロックで処理の流れを元に戻して処理を継続させるプログラム構造です。繰り返しは対象の何らかの規則性（パターン）に基づいています。繰り返しの処理には，次の三つの方法があります。

① for 節を使う方法
② while 節を使う方法
③ 関数の再帰呼び出しを使う方法

これら繰り返し処理の特徴をよく理解し，適切に使い分けることが大切です。また，内包表記や map() や filter(), reduce() などの高階関数を使うと，一つのコードの中で，繰り返しをおこなわせることができます。これにより，ネストを浅くすることができます。

例題 1.14

整数を n までカウントアップ $(0, 1, \ldots, n-1, n)$ するプログラムを，for 節，while 節を用いて作成する。

プログラム　countup_for.ipynb

```
1: n = int(input("Enter a number: "))
2: for i in range(0, n+1, 1):          # for i in range(n+1) でよい
3: print(i)                            # 0,1,2,...,n
```

for 文では繰り返しは自動的に終了するようになっていますが，range([start,] stop [,

step])) 関数を使うとき，よく迷うのは繰り返しの最後の値です。stop は，上の例では n で
はなくて，n+1 でなければなりません。迷わなくて済ませるためには while 節の繰り返しを使
うことです。

プログラム countup_while1.ipynb

```
1: n = int(input("Enter a number: "))
2: i = 0
3: while i <= n:              # 条件式 i <= n では，繰り返しの終了値は明確
4:   print(i)                 # 0,1,2,...,n
5:   i += 1
```

そうすると，繰り返しの開始値と間隔値をそれぞれコードとして書かなければなりません。その
分だけコード行数が増えます。あるいは，while 文以下を次のようにすることもできます。

プログラム countup_while2.ipynb

```
1: while True:               # 常に True，無限ループになるが
2:   print(i)                # 0,1,2,...,n
3:   i += 1
4:   if i > n:               # 条件式 i > n では，繰り返しの終了値は明確
5:     break                 #   繰り返しを脱出
```

やはり，コードの行数が増えます。好みはありますが，繰り返しの回数が決まっている場合に
は，通常 for 節を使い，繰り返しの回数が決まっていない場合に while 節を使います。

例題 1.15

リストの逆順を for 文，メソッド pop()，appennd(値) を用いて，for 節の繰り返しで求め
る。リストは，たとえば，test = [65, 73.6, 98.5, 68, 54, 75.8] とする。

プログラム list_reverse.ipynb

```
1: test = [65, 73.6, 98.5, 68, 54, 75.8]
2: test_rv = []                              # 要素を逆順にして収めるリストの初期化
3: for i in range(len(test)):
4:   test_rv.append(test.pop())
5: print(' 逆順', test_rv)                    # [75.8, 54, 68, 98.5, 73.6, 65]
6: print(' 元のリスト', test)                  # []
```

課題 1.19

整数 n をカウントダウン $(n, n-1, \ldots, 1, 0)$ する，繰り返し処理のプログラムを作成せよ。

課題 1.20

次の数式の値を 10 の指数 $n = 1$ から $n = 10$ まで求め，値が漸近的に 1 に近づくことを確か

める繰り返し処理のプログラムを作成せよ。

```
sumx = 9/10**1 + 9/10**2 + 9/10**3 + ...    # → 1
```

課題 1.21

次の数式の値を $n = 1$ から $n = 10$ まで求め，値が漸近的に 1 に近づくことを確かめる繰り返し処理のプログラムを作成せよ。

```
sumx = 1/2! + 2/3! + 3/4! +...    # → 1
```

課題 1.22

次の数式の値を $n = 1$ から $n = 10$ まで求め，値が漸近的にネイピア数 e に近づくことを確かめる繰り返し処理のプログラムを作成せよ。

```
sumx = 1/1! + 2/2! + 3/3! + 4/4! + ...    # → e
sumx = 1/0! + 1/1! + 1/2! + 1/3! + ...    # → e
```

課題 1.23

次の数式の値を $n = 1$ から $n = 10$ まで求め，値が漸近的にネイピア数 e に近づくことを確かめる繰り返し処理のプログラムを作成せよ。

```
sumx = 1 + 1^2/2! + 2^2/3! + 3^2/4! + ...    # → e
```

課題 1.24

リーグ戦（総当たり戦）の対戦プログラム（参加チーム数は，A, B, C, D, E, F の 6 チーム）を作成し，対戦試合と試合総数を求める繰り返し処理のプログラムを作成せよ。
【ヒント】
参加チームのリストを teams = ['A', 'B', 'C', 'D', 'E', 'F']，対戦チームのリストを oppnts = ['A', 'B', 'C', 'D', 'E', 'F'] とし，対戦表を作ります。
表1.3で，第1列に teams，第1行に oppnts をとり，対戦相手とその範囲を定めて空欄を埋めます。表は主対角線について対称な関係にありますから，主対角線より右上の空欄を埋めることにより，すべての対戦試合が決まります。
チーム A から順に対戦相手と試合数を求めていきます。自身同士では試合はありませんので，remove メソッドを使って，リスト名.remove(値) として対戦相手から外します。また，試合

表 1.3　リーグ戦の対戦表

	A	B	C	D	E	F
A						
B						
C						
D						
E						
F						

を重複してカウントしないようにします。チーム A から E の対戦相手の決定ですべての対戦試合が決まります。teams のチーム名をキーとし対戦相手を値とする辞書も作ることにします。これにより，主対角線より右上の空欄を埋めることにします。リーグ戦での総対戦数は，参加チームを n とすると $n(n-1)/2$ となります。

1.4　繰り返しと条件処理の組み合わせ

　課題がやや複雑になりますと，プログラムには（入れ子の）繰り返し処理の中に条件分岐処理を入れ込まなければならないことが起こります。1 行のコードで書ける filter() 関数でも繰り返しの中に条件分岐が組み込まれる処理となっています。また，内包表記でも条件式の入った繰り返しを書くことで使えるコードとなることがあります。本節ではこのようなプログラムを作成しますが，容易に想像できるようにプログラムは複雑になり，それだけエラーが発生しやすくなることに注意してください。

例題 1.16
　ある文字列のなかに数字が含まれているかどうか調べ，含まれていれば数字を出力するプログラムを作成する。

プログラム　find_num.ipynb

```
1: stringx = input(' 文字列を入れてください：')
2: for num in range(0, 9):                    # for 節の中で，if 節を使う。
3:   if str(num) in stringx:
4:     print(' 数字あり，その数字は', num)
```

例題 1.17
　1〜100 までの自然数について，すべての奇数の和とすべての偶数の和を条件分岐を使って求めるプログラムを作成する。for 節による繰り返しの中で，if,else 節を使う。

プログラム　sum_even_odd.ipynb

```
1: sumo = 0                           # 奇数 (odd) の和，初期化
2: sume = 0                           # 偶数 (even) の和
3: for i in range(1, 101):
4:   if i % 2 != 0:
5:     sumo += i
6:   else:                            # elif i % 2 == 0 と明示してもよい
7:     sume += i
8: print(sumo + sume, sumo, sume)     # 5050 2500 2550
```

例題 1.18 ＊

$0, 1, \ldots, 9$ の整数の擬似乱数を 20000 個生成させて，各整数を 2000 個ずつ，10 組に分けて，擬似乱数が「等確率性」（等出現性）を満足することを確かめるプログラムを作成する。

【ヒント】

擬似乱数の等出現性の検定には**カイ二乗検定**を用います [16][22]。帰無仮説を「0 から 9 の整数は，等しい確率で現れる」とします。カイ二乗値は，次式となります。

$$\chi^2 = \sum_{i=1}^{k} \frac{(n_i - E_i)^2}{E_i} \sim \chi^2(k-1)$$

ここで，n_i は観測度数，E_i は期待度数，k はカテゴリの数で今の場合は 10，自由度は $k-1$ となります。カイ二乗値は，観測度数と期待度数の食い違いの尺度で，この値が小さいほど，食い違いが小さいことを表します。今の場合は，カイ二乗値が小さいほど，「等確率性」を満足していることになり，カイ二乗検定は，自由度 9，有意水準 5% で，棄却域は上側 5% 点（境界値 16.919）以上となります。

プログラム　chi_test.ipynb

```
 1: import random
 2: #random.seed(100)              # プログラムが完成するまでは，seed を固定
 3: L, N = 10, 20000
 4: for i in range(1,11):          # 1, 2,    ,10    10 回の試行
 5:   n = [0] * L                  # 実現度数を要素とするとするリスト。要素は L 個
 6:   for j in range(N):           # 0, 1, 2, . . ., N-1 の N 個，1 回の試行分
 7:     x = random.randrange(10)   # 0, 1, . . . , 9 の乱数の生成
 8:     if x == 0:
 9:       n[0] += 1                # 数 0 の実現度数
10:     elif x == 1:               # 数 1 の実現度数
11:       n[1] += 1
12:     elif x == 2:
13:       n[2] += 1
14:     elif x == 3:
15:       n[3] += 1
16:     elif x == 4:
17:       n[4] += 1
18:     elif x == 5:
19:       n[5] += 1
```

```
20:      elif x == 6:
21:         n[6] += 1
22:      elif x == 7:
23:         n[7] += 1
24:      elif x == 8:
25:         n[8] += 1
26:      else:
27:         n[9] += 1                        # 数 9 の実現度数
28:
29:    F = N / L                             # 理論度数
30:    Chi2 = 0                              # カイ 2 乗値の初期化
31:    for k in range(L):
32:       Chi2 += (n[k] - F)**2 / F          # カイ 2 乗値を求める
33:    print(i, '  Chi2 値', round(Chi2, 4))
34:    print(n, 'サイズ：', len(n), '  総和：', sum(n), '  理論度数：', F)
35:    if Chi2 < 16.919:
36:      print('0 から 9 の整数は，等しい確率で現れているといえる。\n')
37:    else:
38:      print('0 から 9 の整数は，等しい確率で現れているとはいえない。\n')
```

実行結果

```
1    Chi2 値 7.347
[1932, 2048, 1966, 1988, 2068, 2000, 2034, 1982, 2001, 1981] サ イ ズ： 10    総 和：
20000    理論度数： 2000.0
0 から 9 の整数は，等しい確率で現れているといえる。

2    Chi2 値 9.727
[1919, 1953, 1963, 2032, 2069, 2016, 1995, 2052, 2017, 1984] サ イ ズ： 10    総 和：
20000    理論度数： 2000.0
0 から 9 の整数は，等しい確率で現れているといえる。

以下，省略
```

　Chi2 値が小さいほど，観測度数と期待度数の食い違が小さく「等確率性」を満足していて，乱数として優れていることを表します。Chi2 値 7.347 < 16.919（境界値）ですから，帰無仮説は棄却できず，乱数を構成する数は等しい確率で生成されていると考えられます。

　擬似乱数列では，無規則性の検定も必要となりますが，これについては割愛します。

課題 1.25

　文字列（数字と演算子）の数式から，要素を数と演算子とするリストを作成せよ。数式は，たとえば，′2 * 3 + 4 / 5′ とする。

課題 1.26

101 の 2 乗，3 乗，4 乗，5 乗，6 乗は，回文数であるかどうかを確かめよ。

課題 1.27

11 で割り切れる数は，逆から書いても 11 で割り切れることを確かめよ。たとえば，$n = 200$ までの 11 で割り切れる数について確認する。

課題 1.28

3 の倍数は，各位の数字の和も 3 の倍数であることを確かめよ。たとえば，$n = 200$ までの 3 の倍数について確認する。

課題 1.29

9 の倍数は，各位の数字の和も 9 の倍数であることを確かめよ。たとえば，$n = 200$ までの 9 の倍数について確認する。

課題 1.30

英語では，Oysters are only in season in the 'r' months. といわれる。1 年のうち 'r' のある月を求めよ。数字を月，値を英語名の月とする辞書を作る。

課題 1.31

次の文は，あるマザーグースの歌詞の一部である。この文中にある大文字 P と小文字 p の数を求めよ。

```
text = 'Peter Piper picked a peck of pickled peppers;\
A peck of pickled peppers Peter Piper picked;\
If Peter Piper picked a peck of pickled peppers,\
Where's the peck of pickled peppers Peter Piper picked?'
```

課題 1.32

1 年 12 ヶ月のうち，大の月，小の月を求めよ。
【ヒント】
大の月とは，日数が 31 日ある月のこと，小の月は，30 日以下の月となります。大の月，小の月の定義通り素直にプログラムを作成します。次の辞書を作ってください。

```
year = {'1月':31, '2月':28, '3月':31, '4月':30, '5月':31, '6月':30,
        '7月':31, '8月':31, '9月':30, '10月':31, '11月':30, '12月':31}
```

課題 1.33 ＊

　小倉百人一首の効率的な覚え方として，小倉百人一首には一枚札，二枚札，三枚札があること
を知っておくことがある。

・ 一枚札（むすめふさほせ）
　　その文字ではじまる札が 1 枚しかないものは，計 7 枚ある。
・ 二枚札（うつしもゆ）
　　その文字ではじまる札が 2 枚しかないものは，「うつしもゆ」の 5 グループ，計 10 枚ある。
・ 三枚札（いちひき）
　　その文字ではじまる札が 3 枚しかないものは，「いちひき」の 4 グループ，計 12 枚ある。

これを確かめるプログラムを作成せよ。小倉百人一首の歌番号と歌を出力すること。
　Web サイトに「小倉百人一首 — 一覧（歌番号順：ひらがな）」が載っているので，これを辞
書形式で編集し，hyakunin_isshu.py としてモジュールにする。

```
hyakunin_isshu = {1:'あきのたの　かりほのいほの　とまをあらみ　わがころもでは　つゆにぬれつ
つ',
   ・・・
100:'ももしきや　ふるきのきばの　しのぶにも　なほあまりある　むかしなりけり'}
```

課題 1.34

　FizzBuzz を while 節を用いて求めよ。FizzBuzz とは，ある自然数が

・ 3 で割り切れれば，数の代わりに Fizz を表示する
・ 5 で割り切れれば，数の代わりに Buzz を表示する
・ 3 と 5 で割り切れれば，数の代わりに FizzBuzz を表示する
・ 上記以外の場合は，そのままの数を表示する

とするものである。1～20 の自然数について調べよ。この分岐処理には if,elif,else 節を
使う。

課題 1.35 ＊

　FizzBuzz を filter() 関数を用いて，Fizz（3 の倍数），Buzz（5 の倍数），FizzBuzz（3
と 5 の倍数）のそれぞれの整数を要素とするリストで求めよ。これにより，フラットな順序処理
のプログラムとする。

課題 1.36 ＊

　FizzBuzz の集合を求める順序処理のプログラムを作成せよ。Fizz，Buzz，FizzBuzz に該当する数を要素とする集合 set_F，set_B，set_FB を求める。簡単のため，1〜20 までの自然数を分類の対象とする。

課題 1.37 ＊

　FizzBuzz を集合の内包表記を使って求めよ。

【ヒント】

　簡単のため，1〜16 までの数を分類の対象とします。内包表記を使って，各集合を求めてください。すべての数の集合を set_all。数 3，5 で割り切れる集合を set_3，set_5。Fizz，Buzz，FizzBuzz の集合を set_F，set_B，set_FB。その他の数の集合を set_oth とします。下記の集合の演算を実行してください。それぞれのコードは何を表していますか。また，集合では要素は順序が付けて並べられているわけではないことを確かめてください。

```
set_F | set_B | set_FB | set_oth
set_3 | set_5 | set_oth
set_3 & set_5
set_3 - set_FB
set_5 - set_FB
set_f ^ set_B
```

　ここで，集合の演算子 | は和（合併），& は積（共通），- は差，^ は対称差を表しています。

1.5　総合問題

　この節ではやや面倒な，またやや大きなプログラムを作成します。

例題 1.19 ＊

　農夫の河渡り（river crossing）のパズルを順序処理のプログラムで記述する。農夫が，キャベツと山羊と狼を小船に積んで，河を左岸から右岸へ渡りきる問題を考える [10]。ただし，この河渡りには，次の**制約条件**が課せられている。

・ 小舟には，農夫と，他に一つしか乗せることはできない。
・ 農夫は，狼が山羊を食べないように，山羊がキャベツを食べないようにしなければならない。つまり，狼と山羊だけを，また山羊とキャベツだけを，いっしょにしておくことはできない。

【ヒント】

　農夫は，キャベツと山羊と狼のどれかを選んで，あるいは自分一人で，両岸を何度か往復して最終的に渡河を完了させます。

この課題は，コンピューター上で模擬的に河渡りを行う**シミュレーション**です。課題をどのようにモデル化し，**計算化**すればよいでしょうか。そのためには，課題の本質（構造／状態／関係性）を抜き出す**抽象化**が必要となります。たとえば，左岸，ボート，右岸という物理的実体を，プログラミング言語のコトバで表現して抽象的な存在として表す必要があります。課題解決は，上の制約条件を満足するアルゴリズムを見出してプログラムを作成することです。

【Arg】農夫の河渡り

農夫（Farmer），キャベツ（Cabbage），山羊（Goat），狼（Wolf）の状態と関係性を以下のように表現し，解を求めていきます。

・ 農夫，キャベツ，山羊，狼を，F，C，G，Wという文字で表します。

・ F，C，G，Wは，左岸から右岸へ渡河するものとし，対象の左岸での状態bankL，右岸での状態bankR，小舟での状態boat をリストで表し，小舟による運搬を状態遷移と捉えます。

・ そうすると，開始状態と最終状態は，リストを用いて，次のように表せることが分かります。

```
開始状態（左岸）                  最終状態（右岸）
bankL = ['F', 'C', 'G', 'W']     bankL = []
bankR = []                       bankR = ['F', 'C', 'G', 'W']
boat = []                        boat = []
```

リストというデータ構造により，左岸，右岸，ボートの各状態（アキ，F，C，G，Wの存在）が，簡潔に巧みに記述できることに注意してください。なおリストの要素は文字列型とします。

・ 規則が定めるF，C，G，Wの関係性から状態表を作成し，とり得る安全な状態と危険で禁止される状態をあらかじめ求めておきます。

・ 移動規則という制約条件を満たすF，C，G，Wの移動の**状態遷移図**を書きます。

・ 状態遷移図を基にして移動手順のアルゴリズムを求め，プログラムを記述します。F，C，G，Wの移動はリストからのpopとリストへのappendで実行されます。

以上から，この課題は大きく三つの小課題に分解して解くとよいことが分かります。

(1) 状態表の作成

F，C，G，Wが左岸にいることを0，右岸にいることを1として，F，C，G，Wが取り得る状態をすべて書き出してみます。これは，4ビットの2進数の列で表すことができますので，表1.4の16通りになります。次に，それらのビット列一つずつについて，規則に基づいて，安全な状態か，危険な禁止状態かを調べます。表1.4の第5列は，遷移が許される安全な状態をF，C，G，W，Φの文字列で表しています。Φは空記号と呼ばれるもので，岸に何もないこと（アキ）を示します。ハイフン－の左側が左岸にいることを，ハイフン－の右側が右岸いることを表します。

表1.4から，許される安全な状態と数が分かります。安全な状態の数は，全部で10あり，これらの状態間の遷移を考えればよいことになります。

表 1.4　農夫の河渡りの状態表

| 場所： 左岸 0, 右岸 1 | | | | 両岸での状態 |
F	C	G	W	
0	0	0	0	FCGW-Φ
0	0	0	1	FCG-W
0	0	1	0	FCW-G
0	0	1	1	禁止
0	1	0	0	FGW-C
0	1	0	1	FG-CW
0	1	1	0	禁止
0	1	1	1	禁止
1	0	0	0	禁止
1	0	0	1	禁止
1	0	1	0	CW-FG
1	0	1	1	C-FGW
1	1	0	0	禁止
1	1	0	1	G-FCW
1	1	1	0	W-FCG
1	1	1	1	Φ-FCGW

(2) 状態遷移図の作成とアルゴリズムの構築

　安全な状態が 10 個あることが分かりましたので F，C，G，W の左岸（LB）から右岸（RB）への渡河の状態遷移図を書きます。左岸と右岸での状態を表す場合，F は常に第 1 順位におき，C，G，W の並びはアルファベット順とします。

・ 渡河開始前の初期状態は　FCGW-Φ

・ 渡河が完了した最終状態は　Φ-FCGW

・ 開始状態から次の状態に移るためには，F は何を小舟に乗せて右岸にいけばよいでしょうか。

　農夫のスタートの行動は，移動規則から F には G を連れていく動作しかないことが分かります。これを fg で表します。

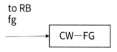

　次の状態遷移では，F は G を右岸に残して，手ぶらで左岸に戻ります。これを f で表します。

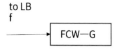

　引き続き状態遷移を考えますと，一つの状態遷移図は，図 1.1 となります。状態遷移図が作成

40

できれば，アルゴリズムはできたも同然です。状態遷移図はアルゴリズムの簡易表現となっています。

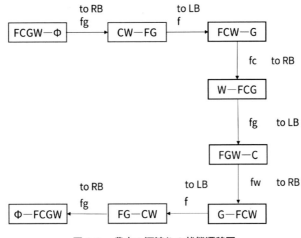

図 1.1　農夫の河渡りの状態遷移図

(3) プログラムの作成

　図 1.1 の状態遷移図どおりに，順序処理のプログラムを作成することができます。リストのメソッドである pop(index) と append(値) を用いて，F，C，G，W の移動（乗降）を文字の形式的操作として表現します。pop(index) は，リストの指定した index の要素を取り出し（削除し），その要素の値を返します。リストの残りの要素は左詰めされ，リストの index はいつも 0 から始まります。状態遷移毎に bankR，bankL，boat を出力して，それぞれの状態を確認します。しかし，これではあまりに冗長になります。

　そこで，以下では，表 1.4 の F C G W の 4 ビットの状態をリストで表すこととし，リストの要素は安全な状態の一つとしてタプルで表します。そこで，開始状態は state = [(0, 0, 0, 0)] となります。移動により状態変化が起きると，その状態を append() していきます。

プログラム　river-crossing.ipynb

```
 1: i = 0                              # initialize the number of moves
 2: state = [(0, 0, 0, 0)]             # state0, FCGW-Φ, All are on the LB
 3: # Cross a river from the LB to the RB. 0:on the left bannk, 1:on the RB
 4: # move1: fg, Move with the goat to the RB
 5: i += 1                             # 1
 6: state.append((1, 0, 1, 0))         # state1, CW-FG
 7: # move2: f, Move alone to the LB
 8: i += 1                             # 2
 9: state.append((0, 0, 1, 0))         # state2, FCW-G
10: # move3 : fc, Move with the cabbage to the RB
11: i += 1                             # 3
12: state.append((1, 1, 1, 0))         # state3, W-FCG
13: # move4: fg, Move with the goat to the LB
```

```
14: i += 1                                          # 4
15: state.append((0, 1, 0, 0))                      # state4, FGW-C
16: # move5: fw, Move with the wolf to the RB
17: i += 1                                          # 5
18: state.append((1, 1, 0, 1))                      # state5, G-FCW
19: # move6: f, Move alone to the LB
20: i += 1                                          # 6
21: state.append((0, 1, 0, 1))                      # state6, FG- CW
22: # move7: fg, Move the goat to the RB
23: i += 1                                          # 7
24: state.append((1, 1, 1, 1))    # state7, Φ-FCGW, All are on the RB
25: print('the number of moves:', i, '  the final state:', state[i])
```

　渡河が完了した時点で使われている完全な状態数は 8 個ですが，表 1.4 にある安全な状態の数は 10 個です。つまり，2 個の安全な状態，C-FGW，FCG-W が使われておらず残っています。このことは，図 1.1 の状態遷移の他に，もう一つの状態遷移があることを示唆します（課題 1.47）。

例題 1.20

　1 個のサイコロを振ったときに出る目の数の平均を，リストを使って求める。

```
value =[1, 2, 3, 4, 5, 6]                    # サイコロの目の数
prob = [1/6, 1/6, 1/6, 1/6, 1/6, 1/6]        # 先験的確率
```

プログラム　dice_mean.ipynb

```
1: value =[1, 2, 3, 4, 5, 6]                    # サイコロの目の数
2: prob = [1/6, 1/6, 1/6, 1/6, 1/6, 1/6]        # 確率
3: prd = 0
4: for i, j in zip(value, prob):                # 期待値の定義
5:    prd += i * j                              # 行ベクトルの内積
6: ex = prd                                     # 期待値は内積に等しい
7: print('ex:', ex)                             # 期待値 3.5
```

for 文に zip() 関数を使うと，複数のリストの要素を同時に取得できるだけでなく，for 節がすっきりします。なお，複数のリストの要素数は同じとします。
　サイコロについて確率の例題・課題は文献 [16] を参照してください。

例題 1.21

　サイコロを二つ同時に投げたときの，目の数のペアの格子点 (x, y) と格子の図を描く。次に，この図から目の数の和，対応する生起数，生起確率（先験的確率，数学的確率）を求める。格子点を (x, y) とするとき，目の和は $x + y$ である。ここで，サイコロには歪みがないとして，すべての標本点が同じ程度の確かさで起こるものとする。

【ヒント】

格子を描くには，Matplotlib ライブラリの pyplot モジュールの grid() 関数を用い，格子点を描くには，Numpy ライブラリの meshgrid(x，y) 関数を使います。n 通りの同様に確からしい場合のうち，事象 A が a 通り起こるとき，事象 A の先験的確率は $P(A) = a/n$ となります。

プログラム　dice2.ipynb

```
 1: import numpy as np
 2: from matplotlib import pyplot as plt
 3: x = [1,2, 3, 4, 5, 6]                    # x 座標
 4: y = [1,2, 3, 4, 5, 6]                    # y 座標
 5: X, Y = np.meshgrid(x, y)
 6: plt.scatter(X, Y, s = 70, c = 'k')       # 格子点を描く。格子点を大きく，色を黒にした
 7: plt.grid()                               # 格子を描く
 8: plt.xlabel('x axis')
 9: plt.ylabel('y axis')
10: plt.show()
```

実行結果

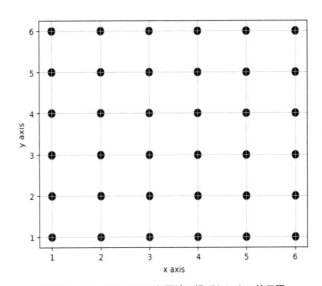

図 1.2　二つのサイコロを同時に投げたときの格子図

二つのサイコロの目の数の組み合わせは，全部で 6×6 の 36 通りあります。目の和は $x + y$ で，図 1.2 から目の和が等しい格子点の数を数えると要素数は 11 となります。目の数の和を数えることを分かりやすくするために，目の数の和が等しい格子点を直線で結んでみるとよい。目の数の和，対応する生起数，生起確率は，次のようになります。

目の数の和	2	3	4	5	6	7	8	9	10	11	12
生起数	1	2	3	4	5	6	5	4	3	2	1
生起確率	1/36	2/36	3/36	4/36	5/36	6/36	5/36	4/36	3/36	2/36	1/36

課題 1.38

　サイコロを二つ同時に投げるとき，目の数の和の生起数が最も大きいときの確率を求めよ。次に，出る目の数の和の期待値（平均値）を小数点以下 1 桁まで求めよ。期待値は 7.0 となる。

【ヒント】

　出た目の数の和を確率変数 X，その確率を P として，X と P の分布表を作ります。次に，表を基にして，下記の二つのリストを作ります。

```
listx = []        # 出た目の数の和の実現値を要素とするリスト
listp = []        # 出た目の数の和に対応する確率の実現値を要素とするリスト
```

課題 1.39

サイコロ二つを同時に投げたとき，次の確率を小数点以下 3 桁まで求めよ。

(1) 目の数の和が 7

(2) 目の数の和が 7 以上

(3) 目の数の和が偶数

課題 1.40

　サイコロを二つ同時に投げたときの，目の数のペアの格子点 (x, y) と格子の図を描け。次に，この図から目の数の差，対応する生起数，生起確率（先験的確率，数学的確率）を求めよ。格子点を (x, y) とするとき，目の数の差は $|x - y|$ である。ここで，サイコロには歪みがないとして，すべての標本点が同じ程度の確かさで起こるものとする。

課題 1.41

　サイコロを二つ同時に投げるとき，目の数の差の生起数が最も大きいときの確率を求めよ。次に，出る目の数の差の期待値（平均値）を小数点以下 2 桁まで求めよ。

課題 1.42

サイコロを二つ投げたとき，次の確率を小数点以下 3 桁まで求めよ。

(1) 目の数の差が 2

(2) 目の数の差が 3 以上

(3) 目の数の和が奇数

課題 1.43

　農夫の河渡り（river crossing）のパズルの例題 1.19 において，図 1.1 の状態遷移 (1) の他に，もう一つの状態遷移 (2) がある。遷移 (2) は，遷移 (1) と同様に，左岸を出発して，途中で分かれるが，また合流して渡河が完了する。状態遷移図 (2) を描き，遷移 (2) のプログラムを作成せよ。

課題 1.44 ✳

　円盤の数が 4 枚の場合にハノイの塔のパズル [10] を解く順序処理のプログラムを作成せよ。このパズルの移動規則は次のとおりである。

・3 本の棒 A，B，C と，中央に穴の開いた大きさの異なる複数の円盤から構成される。

・初期状態ではすべての円盤が左端の棒に小さいものが上になるように積み重ねられている。

・円盤は一回に一枚ずつ，どれかの棒に移動させることができるが，小さな円盤の上に大きな円盤を乗せることはできない。

【ヒント】

　課題を**抽象化**，**モデル化**し，**計算化**します [3]。

・左端の棒 A に置かれた 4 枚の円盤を，最終的に右端の棒 C に移動させます。

・大きさの異なる 4 枚の円盤を，大から小の順に 4, 3, 2, 1 という数で表します。

・3 本の棒 A, B, C を右に横倒しして，状態を 3 個のリスト poleA, poleB, poleC で表します。

・リストをスタックとして用います。棒の始めの状態と終りの状態は，次のようになります。

```
始めの状態： poleA = [4, 3, 2, 1], poleB = [], poleC = []
終りの状態： poleA = [], poleB = [], poleC = [4, 3, 2, 1]
```

・円盤の物理的な移動である pop と push は，抽象化してコードではリストの要素の pop() と append(値) でおこないます。

・移動規則を満たすようにして，円盤を一枚ずつ移動させます。

第**2**章

構造化プログラミング

　手続き型の構造化プログラミングで主役となるのは，条件分岐や繰り返しの多重（入れ子，ネスト）構造，さらに両者が組み合わされた構造のプログラムです。これらがコンピューター処理の威力を最大限に高める働きをするのですが，他方でプログラムが複雑になり，プログラムの作成と理解を一段と難しくさせます。このプログラムの複雑さを軽減するためには，プログラムの詳細を隠蔽する定番の関数やメソッドが自由に使えること，さらには必要な関数やメソッドを自分で定義し作成できることがきわめて重要となります。

　本章では，プログラムを抽象化，分解・分割，再利用するために，関数やメソッドを積極的に利用しています。描画の外部ライブラリ Matplotlib を使って，統計解析の結果をグラフで表します。また，情報理論の根本にある情報量を定義し，情報量の意味をグラフを作成して理解します。

2.1　条件分岐処理と繰り返し処理

　本節では，関数の自作はせずに，条件分岐と繰り返し処理のやや難しいプログラムを作成します。

例題 2.1

　半角英数字の 8 文字以上 15 文字以下のパスワードを作成する。ただし，パスワードの英数字の並びはランダムでなくてもよい。

【ヒント】

　最初に，文字列が ASCII コードかどうかを判定するには str オブジェクトの isascii() メソッドを使用します。文字列が ASCII コードの場合 True，それ以外 False となります。これで全角文字と記号を排除します。

　次に，文字列が半角英数字かどうかを判定するには str オブジェクトの isalnum() メソッドは使用します。すべての文字が英数字で，かつ 1 文字以上ある場合に真を返します。これで半角の記号を排除します。

プログラム　pw_check1.ipynb

```
 1: pw = input(' 半角英数字のパスワード入力 (8 文字以上 15 文字以下)：')
 2: if pw.isascii():
 3:   pw_len = len(pw)
 4:   if pw.isalnum():
 5:     if 8 <= pw_len <= 15:
 6:       print(' 使えるパスワード:', pw, ' 長さ:', pw_len)
 7:     else:
 8:       print('?　半角英数字 8 文字以上 15 文字以下にしてください')
 9:   else:
10:     print('?　半角の記号は使えません')
11: else:
12:   print('?　全角の文字や記号は使えません')
```

　文字列.isalnum() メソッドは，すべての文字が半角英数字なら真，そうでなければ偽となればよいのですが，全角英数字や，平仮名，カタカナなども真となります。そこで，L2 の if 文を先において，全角文字と記号を排除します。

例題 2.2 ＊

　例題 2.1 について半角英数字からなるパスワードかどうかを，正規表現により，英字については大文字と小文字を区別して，チェックするプログラムを作成する。

【Prg】正規表現と文字列のパターンマッチング

　正規表現（regular expression）について簡潔に説明します。正規表現とは，メタ文字という記号を使って文字列を**抽象化してパターン**（pattern）を表現することです [23]。この正規表現を使って，パターンと検索対象の文字列が一致（マッチ，match）するかどうかを調べる「パ

ターンマッチング」を行って，文字列を検索することができます。

　正規表現の処理を行うには標準ライブラリの re モジュールを使い，これをインポートします。

```
import re
```

文字列の検索を行うために，re モジュールの search() メソッドを用います。

```
re.search(パターン，検索対象文字列)
```

ここで，パターンは，検索に用いるメタ文字を含む文字列です。search() は，検索対象の文字列すべてを走査して，パターンがどこにマッチするか調べます。search() を呼び出したとき，返される戻り値は，パターンマッチする場合にはマッチオブジェクトを返します。このオブジェクトにはマッチした情報（マッチの開始と終了位置，マッチした部分文字列，など）が含まれます。パターンマッチしない場合には，None を返します。search() は，パターンマッチングにより，文字列の抽出と捨象をおこなうメソッドです。

　例題 2.1 を，正規表現を用いて書き直したプログラムを示します。

プログラム　pw_check2_reg.ipynb

```
 1: import re                                    # 正規表現の re モジュールのインポート
 2: pw = input(' 半角英数字のパスワードを入力してください（8 文字以上 15 文字以下）。　')
 3: pw_len = len(pw)
 4: print(pw_len)
 5: result = re.search(r'^[A-Za-z0-9]+$', pw)   # パターン r'^[A-Za-z0-9]+$'
 6: if result != None:                          # マッチする（すべてが半角英数字）ならば
 7:   if 8 <= pw_len <= 15:
 8:     print(pw)
 9:   else:                                     # None，マッチしない場合
10:     print(' 入力エラー：　半角英数字のみの 8 文字以上 15 文字以下にしてください。')
11: else:
12:   print(' 入力エラー：　半角英数字のみの 8 文字以上 15 文字以下にしてください。')
```

実行は各自で試みてください。L5 が正規表現によりパスワードの文字列のパターンマッチングをおこなうコードです。文字列のすべての文字が半角英数字であるかどうかをチェックします。L5 右辺の r'^[A-Za-z0-9]+$' がパターンです。r は，文字列が \ をエスケープ文字として扱わないで単なる文字として扱う raw 文字列であることを示します。[A-Za-z0-9] は，半角のすべての英大文字と英小文字，数字を表します。[]，^，+，$ がメタ文字です。[] は，文字の範囲を指定し，マッチしたい文字の集合を示します。^ は文字列の先頭，$ は文字列の末尾，+ は直前の文字の 1 回以上の繰り返しを表します。ここでは約束事として，L5 のコードを用いればよい，ということだけで OK です。

例題 2.3

'Ten Little Indians' song problem. Ten Little Indians というマザーグースで，インディアンの子どもが 1 人，2 人，...，と増えて 10 人に達し，そこから 10 人，9 人，...，と減って 1 人に至る。これをプログラムする。

【ヒント】

for 節の繰り返しで range() 関数を使えばよいことに気がつきます。

プログラム 1　ten_indians1.ipynb

```
 1: for i in range(1, 11, 1):          # 1 ずつ増やしていく場合
 2:   if i == 1:
 3:     print(i, 'little indian')      # 1 人の場合は単数形
 4:   else:
 5:     print(i, 'little indians')     # 2 人以上は複数形
 6: print()
 7: for i in range(10, 0, -1):         # 1 ずつ減らしていく場合
 8:   if i == 1:
 9:     print(i, 'little indian')
10:   else:
11:     print(i, 'little indians')
```

英語では，通常文字 one, two, ..., ten を使いますので，そのようにプログラムを改めます。

プログラム 2　ten_indians2.ipynb

```
 1: num = ['one', 'two', 'three', 'four', 'five',
 2:        'six', 'seven', 'eight', 'nine', 'ten']
 3: for i in range(1, len(num)+1):     # 1, 2, ..., 10
 4:   if i == 1:
 5:     print(num[i-1], 'little indian')
 6:   else:
 7:     print(num[i-1], 'little indians')
 8: print()
 9: for i in range(len(num), 0, -1):   # 10, 9, ..., 1
10:   if i == 1:
11:     print(num[i-1], 'little indian')
12:   else:
13:     print(num[i-1], 'little indians')
```

例題 2.4

10 進小数を 2 進小数に変換する。たとえば，$0.6875_{(10)}$ を 2 進小数に変換する [24]。

【ヒント】

10 進小数を 2 進小数に変換するには，10 進小数に 2 を掛けて，整数部の値（1 あるいは 0）を左から順に繋げる処理を，小数部の値が 0 になるまで繰り返す方法で求めることができます。たとえば，10 進小数 $0.6875_{(10)}$ では

```
0.6875 * 2 = 1.375
 0.375 * 2 = 0.75
  0.75 * 2 = 1.5
   0.5 * 2 = 1.0          # 小数部の値がうまい具合に 0 となる
```

となります。これにより $0.6875_{(10)}$ は 2 進小数 $0.1011_{(2)}$ で表されます（上式で右辺 各行の先頭の数を上から順に読めばよい）。

```
0.6875 = 1*2**(-1) + 0* 2**(-2) + 1*2**(-3) + 1*2**(-4)
       = 0.5 + 0 + 0.125 + 0.0625
```

プログラム　deci_to_bin1.ipynb

```
 1: num10 = 0.6875
 2: listx = []                        # 整数部の値を順にため込むためのリスト
 3: for i in range(21):               # 繰り返しの上限は 21 回
 4:   if num10 * 2 > 1.:
 5:     listx.append(1)
 6:     num10 = num10*2 - 1.0
 7:   elif num10 * 2 == 1.0:
 8:     listx.append(1)
 9:     break                         # 小数部の値が 0 になると for ループを抜け出す
10:   elif num10 * 2 < 1. :
11:     listx.append(0)
12:     num10 = num10 * 2
13: print(listx)                      # 2 進小数の並び [1, 0, 1, 1]
14: list_str = [str(i) for i in listx]
15: strx = ''.join(list_str)
16: print('0.' + strx)                # 2 進小数の数字として表す 0.1011
```

この例では小数部の値がうまい具合に 0 となり，L9 の break 文により for ループの外に出ることができましたが，0 とならない場合が続くと，どうなるでしょうか。num10 = 0.1の場合を試みてください（後述）。このときは for 文で繰り返しの上限を 21 回としていますので，そこで終了します。

　L7 で浮動小数点数の等価を調べていますが，1.0 のようなケースでは問題ありません。しかし，一般的な浮動小数点数の場合に等価が成り立つことを条件とすることは避けなければなりません。

　L14 で，内包表記を使ってリストの要素である整数を数字に変換し，さらにL15 で，文字列型のメソッド join() を用いて数字を連結して数字列としています。

例題 2.5

　魔方陣（magic square） とはどういうものかを理解する [10][25]。魔方陣の中でいちばん簡単な 3 次（3×3）の魔方陣について考える。3 次の魔方陣とは，図 2.1 に示すような 3 行 3 列の

格子面の 9 個のセル（cell）に，1～9 までの自然数がちょうど 1 回ずつ現れるように入れて，すべての行と列，そして二つの対角線上の数の和が等しくなるようにしたものである。

a	b	c
d	e	f
g	h	i

2	9	4
7	5	3
6	1	8

図 2.1　3 次の魔方陣：一般形（左）と一例（右）。
ここで，a～f は 1～9 の数を表す。

【Arg】3 次の魔方陣で各セルに数を割り当てるアルゴリズム

　9 個のセルに 1 から 9 までの自然数を配置するにあたっての制約条件は

(1) 各数は 9 つのセルの一つに 1 回しか配置できない。

(2) すべての行と列，そして二つの対角線上の数の和は，等しい（これを定和といいます）。

です。この制約条件を満たす数の配置を求めることが課題解決となります。

　最初に定和を求めます。3 次の魔方陣のすべての要素をリストで表すと

```
mgq3 = [1, 2, 3, 4, 5, 6, 7, 8, 9]
```

となります。要素の総和を求めると

```
sum_mgq3 = sum(mgq3)
```

から，45 が得られます。要素の総和は，$a+b+c$, $d+e+f$, $g+h+i$ の 3 行の和でもあることにより，定和は $45/3 = 15$ となります。図 2.1 の例で確かめてください。

　異なる 3 個の要素の和が 15 となる要素の集まりは，次の 8 個の集合で表されます。集合は，要素の値が異なり，要素の並びの順が意味をもちません。

```
{1, 5, 9}   {1, 6, 8}   {2, 4, 9}   {2, 5, 8}  {2, 6, 7}   {3, 4, 8}   {3, 5, 7}
{4, 5, 6}
```

　それでは特定のセルに入る数を求めることにします。最初に中央のセルに入る数 e は，1～9 の中央値である 5 ではないかと予想がつきますが，これを確かめます。中央のセルには 1 行と 1 列および 2 本の対角線の計 4 本が通るので，中央のマスに入る数 e は四つの集合で同じ値の数とならなければなりません。上の集合で同じ値が 4 個ある条件を満たす要素は，5 のみです。これで $e = 5$ が分かります。あるいは，e は 4 本の線の要素の和は 60 であることから，

$$(d + e + f) + (b + e + h) + (a + e + i) + (g + e + c) = 60$$

を整理して，$e = 5$ が求まります。

　次に，4隅のセルに入る a, c, i, g を求めます。4隅のセルには1行と1列および1本の対角線の計3本が通るので，4隅のセルに入る数 a, c, i, g は，三つの集合で同じ値の数でなければなりません。上の集合で同じ値が3個ある条件を満たす要素は $2, 4, 6, 8$ の4個の偶数のみです。そこで，a, c, i, g は，これら四つの数のうち互いに異なる一つの数をとることが分かります。残る b, f, h, d は，一つの行と一つの列の交点にあるセルに入る数です。これらのセルには2本の線が通ることから，上の集合で同じ値が2個ある条件を満たす要素は $1, 3, 7, 9$ の4個の奇数となります。

　次に，上記の魔方陣の説明を確かめるプログラムを作成します。定和，定和を満たす三つの異なる数からなる集合，数をキー，値を数の出現回数とする辞書を求めます。

プログラム　mgsq3_property.ipynb

```
 1: import itertools
 2: import pprint
 3: CONST = sum(range(1, 10)) / 3          # [1, 2, 3, 4, 5, 6, 7, 8, 9]
 4: print('定和', CONST)                   # 定和は定数で 15.0
 5: all_comb = itertools.combinations(list(range(1, 10)), 3)  # イテレータを返す
 6: list_comb = list(all_comb)             # イテレータをリストに変換
 7: print(len(list_comb))       #リストの要素は 84 で，要素は異なる 3 個の数からなるタプル
 8: pprint.pprint(list_comb, width = 60, compact = True)
 9: i, z = 0, []
10: for x in list_comb:                    # 組み合わせをタプルで取り出す。
11:     if sum(x) == 15:                   # 定和 15 を満たす組み合わせを求める
12:         i += 1
13:         y = set(x)                     # 定和 15 の集合を求める L18
14:         print(i, y, sum(y))
15:         for j in y:                    # 集合から要素を取り出す
16:             z.append(j)                # 集合の中に現れるすべての数をリスト z の要素とする
17: print(z)
18: dict_count = {i: z.count(i) for i in range(1, 10)}  # 辞書の項目は 数：回数
19: list_vid = sorted(dict_count.items(), key = lambda x: x[1], reverse = True)
20: print(dict(list_vid))                  # 出現回数の降順の辞書
```

実行結果として，辞書を出力しておきます（他は各自で確認してください）。

```
{5: 4, 2: 3, 4: 3, 6: 3, 8: 3, 1: 2, 3: 2, 7: 2, 9: 2}
```

itertools.combinations(リスト, r) は，リストの異なる n 個の要素から異なる r 個の要素を抜き出した場合の組み合わせをイテレータで返します。プログラムを実行すると，定和15の集合が8個，数5が4回，数 $2, 4, 6, 8$ が3回，数 $1, 3, 7, 9$ が2回使われることが分かります。

　L18は，辞書の内包表記です。1〜9の各数がいくつ現れるかの回数を辞書形式で求めています。

```
dict_count = {}
for i in range(1, 10):
  dict_count[i] = z.count(i)
```

を 1 行に縮約しています。

　3 次の魔方陣において a が 2，4，6，8 をとる場合の魔方陣を考えます。

① $a = 2$ の場合：$i = 8$ となり，c と g は，4 あるいは 6 をとります。$c = 4$ で $g = 6$ のとき，$b = 9$，$f = 3$，$h = 1$，$d = 7$ です。$c = 6$ で $g = 4$ のとき，$b = 7$，$f = 1$，$h = 3$，$d = 9$ となります。

2	9	4
7	5	3
6	1	8

2	7	6
9	5	1
4	3	8

② $a = 4$ の場合：$i = 6$ となります。c と g は，2 あるいは 8 をとります。

4	9	2
3	5	7
8	1	6

4	3	8
9	5	1
2	7	6

③ $a = 6$ の場合：$i = 4$ となります。c と g は，2 あるいは 8 をとります。

6	7	2
1	5	9
8	3	4

6	1	8
7	5	3
2	9	4

④ $a = 8$ の場合：$i = 2$ となります。c と g は，4 あるいは 6 をとります。

8	3	4
1	5	9
6	7	2

8	1	6
3	5	7
4	9	2

上の図で 4 隅のセルでそれぞれ 2, 4, 6, 8 の値がとられていることに注意してください。

　3次の魔方陣の場合，以上のように，全部で8種類のパターンが得られます。しかし，魔方陣の個数を数えるときには，鏡像や裏返し，回転によって一致するものは同じ魔方陣とみなしますので，3次の魔方陣の個数は一つとなります。これを基本解といいます。上の図で，これを確かめてください。

　次に，3次の魔方陣のすべての解を求める順次構造のプログラムを上のアルゴリズムに沿って素直に書いてみます。

プログラム　mgsq3_prg1.ipynb

```
 1: CONST = 15                    # 定和を定数とする。
 2: e = 5
 3: a = 2
 4: i = CONST - a - e             # i = 8
 5: c, g = 4, 6
 6: b = CONST - a - c             # b = 9
 7: f = CONST - c - i             # f = 3
 8: h = CONST - g - i             # h = 1
 9: d = CONST - a - g             # d = 7
10: row1 = [a, b, c]
11: row2 = [d, e, f]
12: row3 = [g, h, i]
13: print('3 次の魔方陣')
14: print(row1, row2, row3, sep = '\n')
15: # 以下，冗長になるので，c, g = 6, 4 の場合を省略
16: # 以下，冗長になるので，a = 4, 6, 8 をとる場合を省略
```

　魔方陣のプログラムは上のように順次構造で記述できますが，すべての解を求めるとなると，いかにも冗長なプログラムとなります。同じコードが繰り返し現れる箇所をまとめて関数にしてしまえば，簡潔なプログラムとなるはずです（関数を用いる**抽象化**，課題 2.11）。

課題 2.1

　3次の魔方陣について，各行，各列，各対角線について，要素の和が定和 15 となることを確かめるプログラムを作成せよ。魔方陣の一例を下記とする。

```
mgsq = [[2, 9, 4], [7, 5, 3], [6, 1, 8]]        # 2 次元リスト
```

課題 2.2

　半角英数字の 8 文字以上 15 文字以下のパスワードに関して，以下の満たすべき条件を増やしたプログラムを作成せよ。

① 最初の文字は半角の大文字とする。大文字（uppercase）かどうかの真偽を判定するには，文字列.isupper() というメソッドを使う。大文字であれば，真となる。

② 必ず英字と数字が混在するものとする。すべての文字が英字でないことの真偽を判定するために，`string.isalpha()` というメソッドを使う。これはすべての文字が英字の場合に真となる。この not をとると，すべての文字が英字でない場合に，つまり今の場合は，数字があれば真となる。

課題 2.3

英数字，記号からなる長さ 16 のパスワードを random モジュールを用いて作成せよ。最初の 1 字が英大文字となるパスワードとすること。

【ヒント】

英大文字，英小文字，数字，記号の四つの字種から各々四つの要素を選び，長さを 16 とします。ただし，要素の並び順はランダムとします。作られたパスワードの先頭文字が英大文字であれば，これをそのまま適正なパスワードとします。先頭文字が大文字でなければ，大文字一字を新しくランダムに選んで，これを先頭に置きます。ただし，パスワードの長さは不変としますので，要素を一字ランダムに選んで削除しなければなりません。

課題 2.4

自作したパスワードの強度を，パスワードチェッカーを用いて比較せよ。

【ヒント】

パスワードの強度（安全性）を無料でチェックしてくれる Web サイトがいくつかあります。自作のプログラムで作成したパスワードの強度を複数のチェッカーを使って比較してみてください。パスワードの強度は，使用する乱数列，文字の種類，文字列の長さに依存します。複数のパスワードチェッカーで判定に大きな違いがあるかを確認します。

課題 2.5 ＊

住宅ローンを**元金均等返済方式**で毎月払い返済するプログラムを作成せよ。借入金額（万円），年利（%），返済年数は，キーボードから入力する。計算例として，借入金額を 1000 万円，年利 1 %，返済年数 35 年とする。年利は全期間固定で，返済にボーナス払いは利用しない。

【ヒント】

元金均等返済とは，毎月の返済額のうち，元金の額が一定となる返済方法です。元金均等返済額は，借入金額/支払い回数 n となります。

返済は，第 1 回から第 n 回まで繰り返しますが，月ごとに利息，返済額，翌月の借入残高を計算し更新します。そして，利子の総額，返済額の総額を求めます。

年利は全期間固定で，月利は年利 (%)/12/100 となります。

円単位の計算にするために小数点以下を切り捨て (int) として月ごとの返済額を途中計算し，支払いの最終月で借入残高を 0 とするために残高を元金に繰り込みます。

毎月の返済額，元金返済額，利息，借入残高を出力します。

計算結果は，返済額の総額 11753995 円，均等返済額の総額（元金）10000000 円，利息の総

額 1753995 円となります。実行結果は，カシオ計算サイトのローン返済を参照して確認してください。"計算詳細や端数処理は各金融機関によって異なる場合があります" との注があります。

課題 2.6 ＊

政党別比例代表選挙制度における議席配分のドント（D'Hondt）式計算法のプログラムを作成せよ。アルゴリズムは次のとおりである。

① 各政党の得票数を $1, 2, 3, \ldots$, 定数の整数で割り，商を求める。
② 商の大きい順に，定数に達するまで各政党の議席を配分する。

表 2.1 は，比例代表選挙での A, B, C, D, E の各党の得票数の例である [26]。ドント式で各政党に定数 7 の議席を配分すると，各党の当選者はそれぞれ何人になるかを求めよ。

表 2.1　政党別得票数

政党名	A	B	C	D	E
得票数	340,000	280,000	160,000	60,000	15,000

課題 2.7

'99 Bottles of Beer' song problem. 99 Bottles of Beer はアメリカのフォークソングであるが，歌詞は下記とする。この歌詞でのビールビン（bottle）の数をカウントダウンしていくプログラムを作成よ。

99 bottles of beer on the wall, 99 bottles of beer.
Take one down and pass it around, 98 bottles of beer on the wall.
98 bottles of beer on the wall, 98 bottles of beer.
Take one down and pass it around, 97 bottles of beer on the wall.
・
・
1 bottle of beer on the wall, 1 bottle of beer.
Take one down and pass it around, no more bottles of beer on the wall.

【ヒント】
99 本は多すぎるので 5 本ぐらいにしてよい。1 本のときには単数形 bottle になります。

課題 2.8

10 進小数 $0.1, 0.2, \ldots, 0.8, 0.9$ を 2 進小数に変換せよ [24]。無限に続く循環小数になる場合があるので，print() 出力に注意すること。循環小数にならない 10 進小数はどれか？

2.2　関数の自作とモジュール化

　関数を自作しモジュール化することで，プログラムをまとめて**抽象化**し，あるいは**分割**して，プログラムの複雑さを隠蔽して，可読性を向上させます。

例題 2.6

　$n = 10$，$n = 1000$ の階乗を，階乗計算の関数を定義し for 節を用いて求める。

プログラム　fact_for.ipynb

```
1: def fact_for(n):                          # 関数の定義
2:   value = 1
3:   for i in range(2, n+1):                  # for 節を用いる繰り返し
4:     value *= i                             # value = value * i
5:   return value
6: n = int(input('Enter an integer n : '))    # n = 10 で
7: print(fact_for(n))                         # 3628800
8: import matrh
9: math.factorial(n)                          # 確認
```

Python の整数演算では，$n = 1000$ の階乗でも計算値を求めることができます。計算結果を Wolfram のサイトなどで確認することができます。

例題 2.7

　2 次方程式 $ax^2 + bx + c = 0$ の解を手続き型で関数を定義して求める。

プログラム　quadra_eq.ipynb

```
1: def solutions(a, b, c):                    # 解を求める関数の定義
2:   D = b**2 - 4*a*c                          # 判別式
3:   sqrd = D**0.5
4:   x1 = (-b + sqrd) / (2*a)
5:   x2 = (-b - sqrd) / (2*a)
6:   return x1, x2                             # 解はタプルで返す
7: # 関数の外
8: a, b, c = 1, -2, -3                         # x*x - 2*x - 3 = 0
9: print(solutions(a, b, c))                   # 関数の呼び出し 1
10: a, b, c = 2, -5, 4                          # 2*x*x - 5*x + 4 = 0
11: print(solutions(a, b, c))                   # 複素数の解では，虚数単位に i を用いる
```

実行結果

```
(3.0, -1.0)
((1.25+0.6614378277661477j), (1.25-0.6614378277661477j))
```

例題 2.8 ＊

パスカルの三角形（Pascal's triangle）を求める。パスカルの三角形は二項係数 $_nC_r$ の各値を三角形状に並べたものである。ここで $_nC_r$ は，異なる n 個のものの中から異なる r 個を取り出し，順序を考慮しないで 1 組にしたもので，n 個から r 個をとる組合せ（combination）といわれる。以下では，$_nC_r$ をプログラムでは C(n, r) と書くことにする。

プログラム作成では，組み合わせを求める関数を定義するとよい。

```
from math import factorial as fact
def C(n, r):                            # 組み合わせを求める関数の定義
  return fact(n)  // (fact(r)*fact(n -r))    # 階乗を求める関数 fact()
```

最大行数 N を指定し，第 0 行から第 N 行まで各行の数をリストの要素として出力します。

```
0 [C(0,0)]
1 [C(1,0),C(1,1)]
2 [C(2,0),C(2,1),C(2,2)]
.
.
N [                      ]
```

数を数字に変換して各行の数字を連結して一つの文字列として出力します。さらに三角形状に並べるために，文字列を中央揃にします。

プログラム　pascal_triangle1.ipynb

```
 1: from math import factorial as fact
 2: def C(n, r):                            # nCr の定義通り
 3:   return fact(n) // (fact(r)*fact(n -r))
 4:
 5:   N = int(input('Enter a max number of rows: ')) # nCrで，n は 0, 1, ..., N
 6: print()
 7: for n in range(N+1):                     # 第 0 行から第 N 行までのパスカルの三角形
 8:   list_C = [C(n, r) for r in range(n+1)]        # 各行の nCr のリスト
 9:   print(n, list_C)
10:   print('  '.join(map(str, list_C)).center(120))    # 数字の間は 2 個の空白
```

実行結果

```
Enter a max number of rows: 7
0 [1]
                                                  1
1 [1, 1]
                                                 1  1
2 [1, 2, 1]
                                                1  2  1
```

```
3 [1, 3, 3, 1]
                                              1  3  3  1
4 [1, 4, 6, 4, 1]
                                           1  4  6  4  1
5 [1, 5, 10, 10, 5, 1]
                                        1  5  10  10  5 1
6 [1, 6, 15, 20, 15, 6, 1]
                                     1  6  15  20  15  6  1
7 [1, 7, 21, 35, 35, 21, 7, 1]
                                  1  7  21  35  35  21  7  1
```

L10 では，文字列型のメソッドチェーンを作って join() と center() を連続して呼び出しています。

【Prg】文字列のメソッド　center()

Python では文字列の前後にスペースを埋め込んで，左寄せ・中央寄せ・右寄せにして見やすくすることが可能です。その場合，ljust(), center(), rjust() メソッドを使います。たとえば，

```
文字列.center(文字数 [, 埋める文字])
```

第 1 引数で文字数（文字幅）を指定し，スペース以外の文字を埋める場合は第 2 引数で指定します。

例題 2.9

パスカルの三角形では興味深い性質がある。たとえば，各行の数の和は，2 のベキ乗である。これを確かめるプログラムを作成する。

プログラム　pascal_triangle2.ipynb

```
 1: def Pascal_triangle(N):                        # 関数の定義
 2:   from math import factorial as fact
 3:   def C(n, r):                                 # 関数の内部で関数の定義
 4:     return fact(n) // (fact(r)*fact(n-r))
 5:   for n in range(N+1):
 6:     list_C = [C(n, r) for r in range(n+1)]
 7:   return list_C
 8:
 9: N = int(input('Enter a max number of rows : '))    # たとえば，7 を入力して
10: sumx = []
11: for i in range(N+1):
12:   list_C = Pascal_triangle(i)
13:   sumx.append(sum(list_C))
14: print(sumx)                              # [1, 2, 4, 8, 16, 32, 64, 128]
```

L3 で，関数の中で関数を定義しています。こういうことも Python では可能です。

例題 2.10 ＊

書籍には ISBN（International Standard Book Number）という 13 桁の書籍識別番号が付いている。この ISBN-13 コードは，左端から 12 桁の数字の次に 1 桁のチェックデジットを付加した 13 桁の数字である。ハイフンの付いた 12 桁のコードにチェックデジットを付加してISBN-13 のコードとするために，チェックデジットを生成するプログラムを下記のアルゴリズムに基づいて作成する。

【Arg】ISBN-13 コードのチェックデジットを生成するアルゴリズム

ISBN-13 コードの 13 桁の数字は，ハイフンで連結して，次のパートで構成されます。

接頭記号 – 国記号 – 出版者記号 – 書名記号 – チェックデジット

接頭記号は 978 固定で，日本の国記号は 4 です。末尾の 1 桁の数字がチェックデジットとなっています。たとえば，前著の ISBN-13 コードは，978-4-7649-6053-3 です。

チェックデジットとは，コードが正しいものであるかどうかを検査するためにコードに付加される 1 桁の数字で，符号の冗長性は増しますが，読み誤りが発見できるようにするものです。

チェックデジットは，ISBN-13 のハイフンを除いた左端から 12 桁の数字（ISBN12）について，次のような計算により生成されます [27]。これをモジュラス 10 ウェイト 3 と呼んでいます。

① 12 桁の数字の左端を 1 として右へ 12 までインデックスを振ります。このインデックスが奇数のコードの桁を奇数桁，インデックスが偶数のコードの桁を偶数桁と呼びます。
② (978 から始まるコードの奇数桁の数の合計 ×1）と（978 から始まるコードの偶数桁の数の合計 × 3) の合計を求めます。
③ 合計の下 1 桁の数を求めます。
④ 下 1 桁の数が 0 の場合は，チェックデジットを数字 0 とします。下 1 桁の数が 0 でない場合は，10 -（下 1 桁の数）の数を数字に変換してチェックデジットとします。
⑤ 12 桁のコードにチェックデジットを付加して ISBN-13 のコードとします。

以上の手続きでは，数字と数の変換／逆変換に注意してください。

チェックデジットを生成する関数 get_checkdigit() を定義し，これをモジュールファイルとします。

モジュールファイル get_checkdigit.py

```
1: def get_checkdigit(ISBN12):          # ISBN12 は 12 桁の ISBN の数字列
2:   sum_oddd, sum_evend = 0, 0
3:   for i, elm in enumerate(ISBN12, 1):   # index i は 1 から始まる
4:     if i % 2 != 0:
5:       sum_oddd += int(elm)            # 奇数桁の和
6:     else:
```

```
 7:       sum_evend += int(elm)                    # 偶数桁の和)
 8:     num = sum_oddd + sum_evend * 3
 9:     r = num % 10                               # 下 1 桁の数を取り出す
10:     if r == 0 :                                # 下 1 桁の数が zero
11:       checkdigit = str(r)                      # checkdigit の数字
12:     else :                                     # 下 1 桁の数が non-zero
13:       checkdigit = str(10 - r)                 # checkdigit の数字
14:     return checkdigit                          # valid checkdigit を返す
```

　L3 では組み込み関数 enumerate(イテラブル, start = 数値) を使っています。enumerate 関数ではイテラブル（リストや文字列など）のインデックスと要素の 2 つを同時に取り出すことができます。第 2 引数はオプションですので、数値があればイテラブルのインデックスはその数値から始まり、省けばインデックスは 0 から始まります。

プログラム　ISBN.ipynb

```
1: import get_checkdigit
2: code = input('Enter an 12-bit ISBN with hyphens: ')
3: ISBN12 = code.replace('-', '')                  # ハイフンを除去した 12 桁の数字列
4: checkdigit = get_checkdigit.get_checkdigit (ISBN12)
5: print('checkdigit: ', checkdigit)               # checkdigit の数字の出力
6: print('the 13-digit ISBN: ', 'ISBN' + code + '-' + checkdigit)
```

実行結果の一例

```
Enter an 12-bit ISBN with hyphens: 978-4-7649-6050
checkdigit: 3
the 13-digit ISBN: ISBN978-4-7649-6050-3
```

例題 2.11

　連続した英字の文字列（長さ N）を n 文字ずつ一つの半角の空白で区切るプログラムを作成する。たとえば、アルファベットの abcdefghijklmnopqrstuvwxyz の 26 文字の文字列を 4 文字で区切ると abcd efgh ijkl mnop qrst uvwx yz となる。

プログラム　split_string.ipynb

```
 1: def split_string_func(str_seq, N, n):              # n 文字で区切る関数の定義
 2:     split_slist = [str_seq[i: i+n] for i in range(0, N, n)]
 3:     split_string = ' '.join(split_slist)
 4:     return split_string
 5:
 6: str_seq = input('Enter a string_sequence: ')
 7: N = len(str_seq)
 8: print('lenth of a str_seq: ', N)
 9: n = int(input('Enter a length of a split_string: '))
10: result = split_string_func(str_seq, N, n)          # 関数の呼び出し
11: print(result)
```

実行結果

```
Enter a string_sequence: abcdefghijklmnopqrstuvwxyz
lenth of a str_seq: 26
Enter a length of a split_string: 4
abcd efgh ijkl mnop qrst uvwx yz
```

関数 split_string_func() を定義し自作することで，複雑さを隠蔽しています。文字列の左から n 文字ずつ区切っていきますが，最後の区切りでは n 文字未満となることがあります。

次に，簡単な再帰関数を使う**再帰プログラム**を作成します。再帰呼び出しでは，再帰の繰り返しを停止させることが必要になります。

例題 2.12

n から 0 までカウントダウンするプログラムを，再帰呼び出しを使って作成する。

プログラム　countdown.ipynb

```
1: def countdown(n):
2:   print(n, end = ' ')
3:   if n == 0:                    # 再帰の停止条件
4:     return
5:   elif n > 0:
6:     countdown(n - 1)            # 再帰
7:
8: n = int(input('Enter a number: '))
9: countdown(n)
```

実行結果

```
Enter a number: 10
10 9 8 7 6 5 4 3 2 1 0
```

課題 2.9 ＊

1〜100 までの自然数について，すべての奇数の和とすべての偶数の和を，for 節は使うが，条件分岐を使わないで求めよ。

課題 2.10

3 次の魔方陣のすべての解を求める関数化したプログラムを作成せよ。

課題 2.11 ＊

例題 1.18 の擬似乱数の「等出現性」をカイ二乗検定で判定するプログラムをコンパクトに分

かりやすくせよ。

(1) カイ 2 乗値を求める関数 get_Chi2() を定義する。

(2) if, elif 節を多数使う条件分岐の代わりに，辞書を用いる。辞書のキーは 0 から 9 の数，
　　値はそれぞれの数の実現度数とする。

課題 2.12

　二つのサイコロを同時に投げるとき，出る目の和の確率分布をシミュレーションで求めよ。出
た目の和 $2, 3, \ldots, 11, 12$ の統計的確率（経験的確率）をリスト出力する。
【ヒント】
　この課題では，擬似乱数列を使って，整数 1〜6 をランダムに n 個発生させることで，サイコ
ロ投げを模擬します。$n = 6000, 60000, 600000$ で試してください。統計的確率を得て先験的確
率と比較します。

課題 2.13

　0 から n までカウントアップするプログラムを，再帰呼び出しを使って作成せよ。

課題 2.14

　$n = 100$, $n = 1000$ の階乗を，再帰関数を定義するプログラムを作成して求めよ。

```
n = 0    0! = 1
n >= 1   n! = (n-1) * n      # 再帰のパターンをもつ漸化式
```

正しく計算されるかを確かめ，エラーが起きた場合にはなぜエラーが起きたかを考えよ。

課題 2.15

　パスカルの三角形を求めるプログラムを，二項係数に漸化式が成り立つことを用いて作成せ
よ。ここで，二項係数には次の規則性のある漸化式が成り立つ。

$$_nC_r = {}_{n-1}C_{r-1} + {}_{n-1}C_r \quad ただし, 1 \le r \le n-1, n \ge 2$$

　漸化式は再帰関係式であるから，パスカルの三角形を求めるプログラムは再帰呼び出しを使っ
て書ける。

課題 2.16

　パスカルの三角形では興味深い性質がある。たとえば，各行の数を 2 乗して加算してできる数
がつくる数列は，パスカルの三角形の中央の数列と一致する。これを確かめるプログラムを作成
せよ。

課題 2.17

FizzBuzz を map() 関数を用いて求めよ。map() 関数の第 1 引数の関数を定義すること。

【ヒント】

```
listx = list(range(1, n+1))      # 1, 2, ... , n
list(map(fizzbuzz, listx))       # fizzbuzz は，自作する関数の関数名
```

map() 関数の機能は，リスト listx の各要素を一つずつ順に取り出し，これを引数として渡した関数 fizzbuzz() で処理した結果を仮想的なリストの要素とする，1 対 1 対応の写像です。イテレータで返しますので，結果をリストで出力します。

課題 2.18

フィボナッチ数列を普通の関数を定義して生成しリストに収める。フィボナッチ数列は漸化式で表されるので，再帰関数を定義して求めることもできる。この二つのプログラムを作成せよ。求めるフィボナッチ数列は，F_0 を除く，$F_1, F_2, \ldots, F_n$ とする。

課題 2.19

フィボナッチ数について，面白い性質が認められる。その一つに「第 1 項から第 n 項までのフィボナッチ数の 2 乗の和は，第 n 項と第 $n+1$ 項のフィボナッチ数の積に等しい」というものがある。これを確かめるプログラムを作成せよ。

課題 2.20

文字列が回文かどうかを判定するプログラムを普通の関数を定義して求めよ。次に，再帰関数 palindrome(文字列) を定義し，モジュールファイルとしてインポートするプログラムを作成せよ。

課題 2.21

回文を filter(関数名，イテラブル) 関数を使って抽出せよ。filter() の第 1 引数の関数は，palindrome(文字列) を使い，関数名のみを書く。第 2 引数のイテラブルは，たとえば

```
strings = ['akasaka', 'asakusa', 'ABBA', '1234554321', '12354321']
```

とし，回文のみを抽出する。

課題 2.22 ＊

　書籍の ISBN-13 コードについて，コードが有効か／無効かを検査するプログラムを作成せよ。

(1) チェックデジットを除く 12 桁のコードについて，有効なチェックデジットを求める。

(2) 元のチェックデジットが有効な場合には，ISBN-13 コードを表示する。

(3) 元のチェックデジットが無効な場合には，有効なチェックデジットに置き換えて，ISBN-13 コードを表示する。

例題 2.10 のモジュールファイル get_checkdigit.py を用いてよい。

課題 2.23

　16 桁のカード番号（数字列）を次の手順で作成せよ（例題 2.11 を参照）。

(1) 長さ 16 のランダムな数字列を作る。

(2) その数字列を左端から 4 桁ごとに区切って空白を入れた数字列にする。

課題 2.24 ＊

　クレジットカード番号とチェックデジット（checkdigit）について調べる。チェックデジットを含むクレジットカード番号の全桁数は，16 桁とする。カード番号は数字列で，左端から 1～6 桁の数字が発行会社，7～15 桁の数字が会員情報，最後の 16 桁の数字がチェックデジットとなっている。チェックデジットとは、クレジットカード番号が正しく入力されているかどうかをチェックするための数字である。16 桁のカード番号が**ルーン・アルゴリズム** [28] に従っているものとして，チェックデジットが有効（valid, True）か，無効（not valid, False）かを判定するプログラムを作成せよ。無効の場合には，正しいチェックデジットを出力するプログラムとすること。

【Arg】ルーン・アルゴリズム（Luhn algorithm，modulus 10）

　ルーン・アルゴリズムは，チェックデジットを付加するチェックサム方式でクレジットカード番号を認証する計算手続きを定めるものです。チェックデジットは，カード番号の最後（右端）の数字ですが，計算ではこれをインデックス 1 番とし，右端から左端へインデックスの番号を振ります。この 1 番から 16 番のインデックスを使って，カード番号の数字の数についてチェックサムを計算します。この計算では，数字を数に変換することを忘れないでください。

① インデックス番号が奇数のカード番号の数を足し合わせる。これを sum_odd とする。

② インデックス番号が偶数のカード番号の数を 2 倍して，ただし，2 倍した数が 10 以上ならば 9 を引いて，足し合わせる。これを sum_even とする。

③ 上記の ① と ② を足し合わせて，sum_ccn = sum_odd + sum_even を求め，10 で割って余りを求める。

④ 余りが 0 であれば，チェックデジットは有効で，カード番号は True と判定する。余りが 0
　でなければ，チェックデジットは無効で，カード番号は 無効と判定する

　なお，ルーン・アルゴリズムは必ずしも 16 桁にしなくてもよいし，クレジットカード番号以
外の識別番号でも使われています。

　プログラムは，チェックデジットを算出し True/False を判定する関数 get_ckdigit_CCN()
を定義し，これをモジュールファイルとします。チェックデジットの算出は，次のようにしま
す。16 桁のカード番号のチェックデジットを削除し，15 桁のカード番号として，上記の ③ で
sum_ccn の余りを求めます。15 桁の番号の余りが 0 であれば，16 桁のカード番号のチェック
デジットを 0 とすれば 16 桁のカード番号でも余りは 0 となります。15 桁の番号の余りが 0 で
なければ，（10 - 余り）を 16 桁のカード番号のチェックデジットとすれば，（余り + チェックデ
ジット）は 10 で割り切れますので，16 桁の番号の余りは 0 となります。これで 16 桁のカード
番号について正しいチェックデジットが求まったことになります。
　16 桁のカード番号（数字列）は，安全のため，課題 2.24 のプログラムにより作成し，実際の
クレジットカードのように，4 桁ごとに 1 つの半角の空白を入れてキーボード入力するようにし
ます（このほうが入力間違いを起こしにくいから）。このカード番号はキー入力後に連続した数
字列に変換します。16 桁のカード番号のインデックスは 1 番から始まることに注意してくだ
さい。

課題 2.25 ＊

　15 桁のクレジットカード番号（数字列）にチェックデジットを付加して 16 桁のコード番号と
するプログラムを作成せよ。課題 2.24 で作成したモジュールファイル get_ckdigit_CCN.py
を用いてよい。

2.3　Matplotlib ライブラリを使ってグラフを描く

　Matplotlib のような描画ライブラリの使い方を身につけることは，プログラミングに欠かせ
ないスキルです。なぜなら，計算結果をグラフに表すことで，計算だけでは捉えにくい事象の特
徴や傾向を容易に視覚的に把握できるようになるからです [3]。本節はそのスキルを身に付ける
第一段階のトレーニングです。

例題 2.13
　標準正規分布（平均 0，分散 1）の確率密度関数のグラフを描く。確率密度関数は次式で与え
られる。

$$f(x) = \frac{1}{\sqrt{2\pi}} \exp\left\{-\frac{x^2}{2}\right\}, \qquad -\infty < x < \infty$$

プログラム　std_norm.ipynb

```
1: import numpy as np
2: import matplotlib.pyplot as plt
3: x = np.linspace(-5, 5, 200)        # 標本化。配列を作る。第 3 引数は要素数
4: y = (1/np.sqrt(2*np.pi))*np.exp(-x*x/2)    # y も配列となる
5: plt.plot(x, y)                      # 連続曲線とする
6: plt.show()
```

例題 2.14

$1 + 1/2^1 + 1/2^2 + 1/2^3 + \ldots$ の値を 2 の指数が $0\sim20$ まで求め，2 に収束していく様子をグラフで表す。

プログラム　sumx_graph.ipynb

```
 1: import numpy as np
 2: import matplotlib.pyplot as plt
 3: r, s, n = 1/2, 0, 20              # 初期化。n は 20 まで
 4: list_sum = []
 5: for i in range(0, n+1):
 6:     s += r**i
 7: #  print(i, ' ', s)              # sumx の途中経過の出力
 8:     ist_sum.append(s)
 9: x = np.arange(0, n+1, 1)         # x 座標の値
10: y = np.array(list_sum)           # y 座標の値
11: plt.plot(x, y)
12: plt.show()
```

例題 2.15 ＊

合計特殊出生率（TFR）の経年推移を**線形回帰モデル**を使って調べる。下記の表 2.2 は，1970 年から 1999 年までの 30 年間の日本の合計特殊出生率である（[29] から抜粋）。横軸に年数をとり，縦軸に合計特殊出生率をとって，グラフ化する。さらに，これに線形回帰分析を適用して，回帰直線を求める。表 2.2 のデータを読み込むときには，year と TFR の縦 2 列の CSV データとすること。

表 2.2　合計特殊出生率の経年推移 （1970-1999）

year	1970	1971	1972	1973	1974	1975	1976	1977	1978	1979
TFR	2.13	2.16	2.14	2.14	2.05	1.91	1.85	1.8	1.79	1.77
year	1980	1981	1982	1983	1984	1985	1986	1987	1988	1989
TFR	1.75	1.74	1.77	1.8	1.81	1.76	1.72	1.69	1.66	1.57
year	1990	1991	1992	1993	1994	1995	1996	1997	1998	1999
TFR	1.54	1.53	1.5	1.46	1.5	1.42	1.43	1.39	1.38	1.34

【ヒント】

合計特殊出生率（total fertility rate, TFR）とは「15〜49 歳までの女性の年齢別出生率を合

計したもの」で，一人の女性がその年齢別出生率で一生の間に生むとしたときの子どもの数に相当すると説明されています。

プログラム　TFR_JPN.ipynb

```
 1: import csv
 2: import numpy as np
 3: import matplotlib.pyplot as plt
 4: with open('TFR1970-1999.csv', 'r') as fobj:
 5:   h = next(csv.reader(fobj))                   # 最初の行のヘッダーを読む。
 6:   robj = csv.reader(fobj)
 7:   list_data = [row for row in robj]
 8: x, y= [], []
 9: for i in range(len(list_data)):
10:   x.append(int(list_data[i][0]))
11:   y.append(float(list_data[i][1]))
12: x, y = np.array(x), np.array(y)
13: a, b = np.polyfit(x, y, 1)
14: fit = a*x + b                                  # 線形回帰式（単回帰）
15: r = np.corrcoef(x, y)[0, 1]
16: print('\n 回帰係数 a:', round(a, 3), ' 切片 b:', round(b, 3),
17:       ' 相関係数', round(r, 3), ' 決定係数', round(r*r, 3))
18: plt.scatter(x, y, s = 5)
19: plt.plot(x, fit, 'red')
20: plt.xlabel('year')
21: plt.ylabel('TFR')
22: plt.xlim(1970, 2020)
23: plt.ylim(0, 3.0)
24: plt.grid()
25: plt.show()
```

実行結果

```
回帰係数 a: -0.0267 切片 b: 54.69 相関係数 -0.967 決定係数 0.935
```

　図 2.2 を見れば，合計特殊出生率はこの 30 年間に緩やかな低下傾向にあることが認められます。回帰直線を求めると，$y = -0.0267 \times x + 54.69$ となり，相関係数 r は 0.967，決定係数 r^2 は 0.935 であり，線形回帰はよく当てはまっているといえます。ただし，図 2.2 は TFR の経年変化を示すだけで，経年変化の因果関係を明らかにするものではありません。

　回帰直線の当てはまりはよいとしても，この回帰直線を使って，TFR の将来を予測できるでしょうか。回帰直線を外挿すれば，TFR は，2020 年には 0.77，2049 年には 0.0 となります。このような**外挿**は信頼できるでしょうか。国立社会保障・人口問題研究所は，国際的に標準とされる人口学的手法に基づいて，TFR を出生中位・高位・低位推計しています。それによると，中位の推計で，2065 年には 1.35 程度となっています。

　実はこのプログラムが分析の対象にしたデータは，厚労省の資料の一部で，本来のデータは 1950 年から 2019 年の 70 年間のデータです。この 70 年間には，人口動態に大きな変動を与え

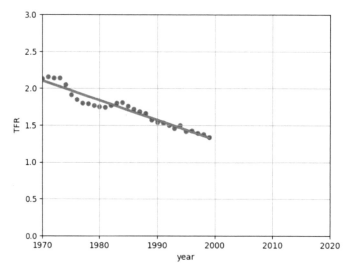

図 2.2　合計特殊出生率の経年推移（1970–1999）

る事象や要因の変化が起きています。人口については第 1 次ベビーブームの終了やひのえうま
の迷信，第 2 次ベビーブームなどの事象，経済では GDP や所得，雇用などの要因です。

　そこで，例題の分析では，観測データが妥当か，外挿による予測は適切かという疑問が生じ
ます。統計学的に信頼できるデータであっても，どの範囲のデータを選択するかが問題となり
ます。この例題では，データの妥当性と外挿による予測の問題点を考えてもらうため，あえて
1970-1999 年のデータを選んでいます。なお，この TFR データの外挿による予測は，1999 年
の数年先でも大きく外れます。

【Math】外挿（extrapolation）による予測の危険性

　外挿による予測の場合にはかなりの危険性が伴います [17]。観測データの範囲外で遠く離れ
た値を回帰式に適用する場合，回帰モデルがそこで成立しているかはまったく保証できません。
したがって，外挿で予測する場合は，観測データ範囲のごく近傍にとどめておくことが必要で
す。特に，過去のデータを将来の予測に使う，年単位の時間的な外挿には，データをめぐる社
会・経済情勢や科学技術の限界・進歩など未知の要因や不確実性を伴う要因が多いので慎重でな
ければなりません [30]。

課題 2.26

　フィボナッチ数列（課題 2.18）のとなり合う二つの数の比は，**黄金比**（golden ratio）
$1:\left(1+\sqrt{5}\right)/2)$ に限りなく近づいていくことを調べ，グラフに描け。
【ヒント】
　ここで $\left(1+\sqrt{5}\right)/2)$ は，$x^2 - x - 1 = 0$ の正の解です。フィボナッチ数列の $i+1$ 項の値と i
項の値の比が

$$\left(1+\sqrt{5}\right)/2 = 1.6180339887\ldots$$

に近づくグラフを描けばよい。

課題 2.27

フィボナッチ数列の逆数列の隣り合う二つの数の比は，黄金比（golden ratio）の逆数に限りなく近づいていくことを調べ，グラフに描け。また，フィボナッチ数列の逆数の総和は 3.359885666243177... に収束することが知られている。これを確かめ，収束の様子をグラフで示せ。

課題 2.28 ＊

バーゼル問題（Basel problem）とは「平方数の逆数の総和は収束するか？ 収束するとしてどのような値に収束するか」という問題である。収束値は $\frac{\pi^2}{6}$ となることが証明されている。ここでは，平方数の逆数の総和を $n = 10000$ まで求めて，収束の様子グラフで表せ。収束が速いか，遅いかも確かめること。

課題 2.29

自分が住んでいる県／市町村の月平均気温とその 1 年間の変化のグラフを描け。データは気象庁の Web サイトや理科年表から入手できる。Matplotlib の日本語対応ライブラリをインストールして（A.10 節参照），グラフに日本語のタイトル，x 軸のラベル，y 軸のラベルを入れる。また，目盛，線の太さや色，マーカーの種類や色を工夫すること。

課題 2.30

下記のリストに示す英語の成績について，要約統計量を求め，箱ひげ図を描け。

```
eng = [83, 79.5, 50, 68, 72, 60.5, 90, 85, 55, 95]
```

【ヒント】
箱ひげ図は Matplotlib の boxplot() 関数を使えば，簡単に描くことができます。

```
fig, ax = plt.subplots()
labels = ['x']
ax.boxplot(x, labels = labels)
plt.show()
```

課題 2.31 ＊

学校保健統計調査（e-Stat, 2019 年度）によれば，男子高校生（17 歳）の平均体重は 62.5kg，標準偏差 10.64kg である。

① 平均 62.5，標準偏差 10.64 の正規分布の確率密度関数を描け。

② 標本調査（サンプリング）のシミュレーション体重は正規分布に従うとして，大きさ 20 の標本を生成せよ。

```
data_w = np.round(np.random.normal(62.5, 10.64, n), 1)
```

③ 標本の要約統計量として，平均値（mean），中央値（median），標準偏差（standard deviation）を求めよ。

④ 標本について，箱ひげ図を描け。

【ヒント】

　要約統計量を求めるには普段は関数を使うにしても，定義式に従うプログラムの作成を一度はやっておくとよい。ただし，中央値を求めるときには Numpy モジュールの np.sort(配列) 関数を使ってソートされた配列を用いてかまわない。中央値の計算では，データサイズが奇数か偶数で処理を分け，配列（リスト）の index は 0 から始まることに注意すること。

課題 2.32 ∗

　ジニ係数（Gini coefficient）を，表 2.3 に基づいて算出する [18][31][32]。ジニ係数とは社会における所得の不平等の程度を測る指標である。ジニ係数を求めるために，x 軸に所得の昇順に世帯の累積比を，y 軸に所得の累積比をとったローレンツ曲線が用いられる。所得格差がなく皆が平等なときには，原点を通る $y = x$ の直線になる。これは均等分配線と呼ばれ，所得が完全に均等に分配されている状態を表す。ローレンツ曲線は，所得の分配が不平等であればあるほど均等分配線から下に向かって遠ざかるカーブとなる。

　ジニ係数は，均等分配線とローレンツ曲線とによって囲まれる領域の面積と，均等分配線よりも下の領域の面積との比として定義される。均等分配線よりも下の面積は 1/2 になるので，ジニ係数は均等分配線とローレンツ曲線とが囲む領域の面積の 2 倍に等しい。ジニ係数は，0 から 1 の値をとり，所得の分配が完全に平等な状態のときは 0，所得格差が最大のときには 1 となる。

表 2.3　年間収入十分位階級別の 1 世帯当たりの年間収入

十分位点	I	II	III	IV	V	VI	VII	VIII	IX	X
平均収入	216	302	360	427	506	591	687	803	969	1444
同累積	216									
同比率										

　ここではデータの関係で，十分位階級別年間収入を用いる。表 2.3 の空欄に数値を埋め，均等分配線とローレンツ曲線を描いて，ジニ係数を求めるプログラムを作成せよ。ローレンツ曲線は，折れ線グラフでよい。求められたジニ係数の値から格差が大きいとはいえるか／いえないか判定せよ。

　以上の課題に取り組むことで，統計解析（広くデータサイエンスの解析といってもよい）では，対象分野の専門的知識とプログラミング力／統計パッケージソフトの運用力を必要とすることに気づいてください（第6章で詳しく述べる）。

2.4　情報量とは何か，平均情報量を導く

　この節では，情報量を定義し，情報量の性質を調べます。最初に離散的な事象が等確率で生起する場合，次に等確率で生起しない場合の情報量を導きます。

　1枚のコインの裏表の状態数は2で，2枚のコインなら状態数は$4(2^2)$, 3枚なら状態数$8(2^3),\ldots$, 16枚なら$63536(2^{16})$というように，コインの枚数の状態数は急激に増えます。このような小さな数から非常に大きな数までの状態数のままでは，数の取り扱いが何かと不便です。そこで，コインというモノから離れて**抽象化**すると，状態数Wを2のベキ乗で表して2の指数をとることにすれば，データを簡潔に表すことができて，取り扱いが楽になります。

$$2^m = W$$

両辺を，2を底とする対数にとれば

$$m = \log W$$

mが取る値を正の実数まで広げて，左辺をHで表すと

$$H = \log W \tag{2.1}$$

となります。これが等確率で離散的な事象が生起するときの情報量を表す定義式です。対数の底に2をとったとき，情報量の単位はビット（bits）で表します。たとえば，コインの裏表の状態数は2ですから，1ビットの情報量，サイコロの目の数は6ですから，$\log 6 = 2.58$ビットとなります。

　それでは等確率で生起しない離散的な事象の情報量はどのように表せはよいでしょうか。結論から先に述べれば，**「平均情報量」（情報量の期待値）**を用いて表現します。いま，離散型の確率事象$x_1, x_2, \ldots, x_n$があって，それぞれが$p_1, p_2, \ldots, p_n$で生起するとしたときの，個々の事象の情報量は，確率の逆数の対数をとって$\log \frac{1}{p_1}, \log \frac{1}{p_2}, \ldots, \log \frac{1}{p_n}$, すなわち$-\log p_1, -\log p_2, \ldots, -\log p_n$で表せると考えます。このような表現をとる理由は，次のとおりです。

　確率p_iの事象は，$\frac{1}{p_i}$の不確かさを持つと考えます。確率が小さければ小さいほど，稀にしか起きない不確かな事象ですが，不確かな事象ほど大きな情報量を持つと考えるのです。確率1で起きる事象では不確かさはまったくありませんから情報量は0です。確率p_iは$0 \leq p_i \leq 1$の値をとりますが，0に近い非常に小さな値から大きな値1までを表現するには，対数をとればよいことが分かります。そこで，この離散的事象の情報量の期待値は，期待値（平均値）の定義から

$$H = -\sum_{i=1}^{n} p_i \log p_i \tag{2.2}$$

ここで，対数の底は2，nは状態数であり，

$$p_1 + p_2 + p_3 + \cdots + p_n = 1$$

です。(2.2) 式が，**シャノン（Shannon）の離散量についての「平均情報量」**の定義です [33]。これを**情報のエントロピー（entropy）**と呼ぶことがあります。情報量は，事象のもつ意味を捨象し，その事象が生起する確率のみから定義されていること（**抽象化**）に注意してください。

(2.2) 式で，系が等確率の事象の場合，たとえば，サイコロの場合，$p = \frac{1}{6}$ で，$W = 6$ であり，

$$H = 6\left(-\frac{1}{6}\log\frac{1}{6}\right) = \log 6 = 2.58$$

となります。一般には

$$H = \log W \geqq -\sum_{i=1}^{n} p_i \log p_i$$

が成り立ちますから，(2.2) 式は (2.1) 式を拡張した式となっています。

例題 2.16

確率事象 $1, 2, 3, 4$ の系を，x 軸に事象，y 軸に確率を取って，次の①と②について，棒グラフを描く。

① 事象の生起確率が等確率で $0.25, 0.25, 0.25, 0.25$ の場合を図 1 とする（一様分布）。

② 事象の生起確率が等確率でない $0.8, 0.1, 0.05, 0.05$ の場合を図 2 とする（非一様分布）。

y 軸の目盛りは $0.0 \sim 1.0$ まで，0.1 刻みとする。系 1 の事象と系 2 の事象では，どちらの系が不確定さ，乱雑さが大きいか。図 1 と図 2 を比べて判断する。

プログラム 1　bar_graph1.ipynb　系 1 の事象

```
 1: import matplotlib.pyplot as plt
 2: x = np. array([1, 2, 3, 4])
 3: y = np.array([0.25, 0.25, 0.25, 0.25])          # 一様分布
 4: plt.bar(x, y, width = 0.8, align = 'center')     # 棒グラフを描く
 5: plt.xticks(np.arange(0, 5, 1))
 6: plt.yticks(np.arange(0, 1.1, 0.1))
 7: plt.title('probability distribution')
 8: plt.xlabel('event')
 9: plt.ylabel('prob')
10: plt.show()
```

系 2 の事象のプログラム 2 は，上の L3 を次のコードと入れ替えるだけでよい。

```
 3: y = np.array([0.8, 0.1, 0.05, 0.05]) # 非一様分布
```

実行結果については省略するので，各自で必ず確かめること。

例題 2.17

系1の事象（図1）と系2の事象（図2）のそれぞれの平均情報量を求める。

プログラム　entropy.ipynb

```
1: import numpy as np                        # 2 を底とする対数値を求めるため
2: H1 = 0
3: for pi in [0.25, 0.25, 0.25, 0.25]:
4:   H1 += -pi * np.log2(pi)
5: print(' 系 1 の情報量', round(H1, 2), ' bits')      # 系 1: 2.0 bits
6: H2 = 0
7: for pi in [0.8, 0.1, 0.05, 0.05]:
8:   H2 += -pi * np.log2(pi)
9: print(' 系 2 の情報量', round(H2, 2), ' bits')      # 系 2: 1.02 bits
```

　系1の情報量が系2の情報量よりも大きいことが分かりますが，これを言葉で表すと，系1のほうが系2よりも不確かさが大きい，乱雑さが大きいということです。系1ではどの事象が起きるかは等確率ですので予測は難しいのですが，系2では事象1が起きる確率が飛びぬけて大きいので，系2のほうが不確かさは小さく予測しやすい。系1は一様分布で分布に偏りがないので分布の散らばりが大きい，系2は非一様分布で分布の偏りが大きいので分布の散らばりが小さいといえます。このように，情報量は，系の不確かさ，乱雑さ，予測の難しさの尺度と考えることができます。

　情報量を表す式に対数が用いられる，もう一つの理由は，対数をとると，系の不確かさや乱雑さ，予測の難しさというものが人間の感覚に合うことがあげられます。これは感覚生理学でいうウエーバー・フェヒナーの法則（Weber-Fechner's Law）です。たとえば，聴覚や嗅覚の感覚刺激の強さや，騒音や地震の大きさを対数で表すと（課題 5.23），人間の感覚に合うといわれています。

　このように，情報量は，系の不確かさや乱雑さ，予測の難しさを捉えて，これを数値で表す**抽象化**した特徴量といえます。

例題 2.18 ＊

　(2.2) 式で $n = 2$ のとき，$p_1 = p$ として $p_2 = 1 - p$ である。このとき平均情報量は

$$H = -p \log p - (1 - p) \log (1 - p)$$

となる。これを x 軸に p，y 軸に H をとってグラフに表す。

　ここで，$-p \log p = 0 f$, for $p = 0$, $-(1 - p) \log (1 - p) = 0 f$, for $p = 1$ とします [34]。

プログラム　entropy2.ipynb

```
1: import numpy as np
2: import matplotlib.pyplot as plt
3: x = np. arange(0, 1.001, 0.01)                   # p
4: y = -x*np.log2(x) -(1-x)*np.log2(1-x)            # H
5: np.nan_to_num(y, copy = False, nan = 0.0)
6: print(y, '\n')
```

```
 7: plt.plot(x, y)
 8: plt.grid(True)
 9: plt.xticks(np.arange(0, 1.1, step = 0.1))
10: plt.yticks(np.arange(0, 1.1, step = 0.1))
11: plt.xlim(0.0, 1.0)
12: plt.ylim(0.0, 1.0)
13: plt.xlabel('prob')
14: plt.ylabel('entropy')
15: plt.show()
```

L5 は，$p = 0$ あるいは $p = 1$ の場合には，log0 で nan（Not a Number，非数）となります。そこで，np.nan_to_num() 関数を用いて，第 1 引数に配列 ndarray，第 2 引数は copy = False を指定すると，デフォルトでは nan が 0 に置換された新たな ndarray が生成されます。L5 では，明示的に nan = 0.0 として，0.0 への置き換えを指示しています [35]。

　平均情報量 H は，$p = 0.5$ の等確率のとき，最大値 1.0 をとることを確認してください。

第3章

古代ギリシャの三賢人の アルゴリズム

古代ギリシャのユークリッド（Euclid, 紀元前3世紀），アルキメデス（Archimedes, 紀元前287年〜紀元前212年），エラトステネス（Eratosthenes, 紀元前275年年〜紀元前194）は，現代のコンピューター科学においても高く評価されている，最大公約数，円周率，素数を求めるアルゴリズムを遺しています。

本章では，彼らのアルゴリズムを紹介し，プログラミングするとともに，最大公約数，円周率，素数を求める他の方法についても学びます。また関連する興味深いトピックスについても触れます。

3.1　はじめに

　三賢人が考案したアルゴリズムは，**最大公約数を求めるユークリッドの互除法，円周率を求める**
るアルキメデスの方法，素数を求めるエラトステネスの篩の方法です。彼らがどういう目的でど
んなアイデアを発案し，アルゴリズムをどのように考案したかを知り，実際にプログラミングす
ることは，プログラミング力や問題解決能力の習得に必ず役立ちます。アイデアを思いつくこと
が出発点でありアルゴリズムを考案することが根本にあることは間違いありませんが，課題解決
の結果を得るためにプログラミングする実践力がなければ，アイデアを実現することも，アルゴ
リズムを正しく評価することもできないことに留意してください。

【CS】三賢人のアルゴリズムと計算論的思考，コンピューター科学

　古代ギリシャの時代にはコンピューターはもちろん存在していませんので，三賢人はコン
ピューター科学者ではありませんが，彼らの思考法は，今日でいう**計算論的思考（CT）**の諸概
念に基づいています。というよりも，CT は古代ギリシャ以前のはるか昔から今日まで続いて発
展してきている思考法というほうが適切です [4]。

　彼らのアルゴリズムには次に述べるような CT のコア概念が用いられています。まず**抽象化**で
は，アルゴリズムの考案において，数の概念という抽象化を欠かすことはできません。思考の対
象となる，整数，公約数，円周率，素数などの数の概念は抽象化されたものです。たとえば，偶
数は，整数を「2 で割り切れるもの」という共通な性質にまとめて名前を付けたものです。ま
た，ユークリッド幾何学は抽象的概念としての点や直線，円などを取り出して思考の対象として
います。このように，CT においては数学的思考の抽象化が重要な位置を占めます。**分解・分**
割の考え方は，自然数を目的に応じて分離することに，円周率を求めるために円を正多角形に分
割することに使われています。また，これらのアルゴリズムでは対象に何らかの規則性を見出
す**パターン認識**が使われています。プログラミングではこの規則性に基づいて繰り返し処理をお
こなえばよいことに気づきます。

　三賢人による最大公約数，円周率，素数を求めるアルゴリズムの発見は，その後の数学の発展
にきわめて大きな貢献をしています。今日のコンピューター科学においても，彼らのアルゴリズ
ムは，簡潔で分かりやすくエレガントで，プログラムの作成効率と実行効率はともに高く，コン
ピューターとの親和性に優れている特性がありますので，広く活用されています。

3.2　最大公約数（GCD）を求めるユークリッドの互除法

　最大公約数を求める方法にはいくつかありますが，ユークリッドの互除法は，アルゴリズムが
シンプルで，プログラムは簡潔，高速という点で，また，現代暗号の公開鍵の理論に使えるなど
応用範囲が広い（usable）という点で，後述の素因数分解などの他の方法と比べて断然優れてい
ます。

　二つの自然数 $x, y(x \geq y)$ に対して，被除数 x を除数 y で割ったときの商を q，余りを r と
おくとき，

$$x = yq + r$$

が成り立ち，x と y の最大公約数（GCD, Greatest common devisor）を $\gcd(x, y)$ で表すと，

$$\gcd(x, y) = \gcd(y, r) \tag{3.1}$$

という規則が成立します。この x と y の最大公約数は y と r の最大公約数に等しいという規則性，**パターン**に注目し，これを繰り返すと，$\gcd(n, 0)$ で最大公約数は n となり，x と y の最大公約数が求まります。また (3.1) 式は，大きな数の問題を小さな数の問題に**分解**する式にもなっています。

x, y の最大公約数 $\gcd(x, y)$ が 1 であることは，二つの整数 x, y が「互いに素」（x, y をともに割り切る正の整数が 1 のみ）であることを意味します。

「互いに素」であることは，素因数分解を使って示すこともできるのですが，ユークリッドの互除法を使うほうが，容易で簡便で高速です。

例題 3.1

ユークリッドの互除法で，最大公約数（GCD）を求めるプログラムを作成する。

プログラム 1　euclid_gcd2.ipynb　　　# 普通の関数を定義して GCD を求める

```
1: def gcd(x, y):                    # 関数の定義，x は被除数，y は除数
2:   while y != 0:                   # 繰り返し。余り y が 0 でなければ継続
3:     print(x, y,  x % y, sep = '\t')
4:     x, y = y, x % y               # x ← y 除数，y ← x % y 余り
5:   return x                        # 最大公約数を返す
6:
7: x, y = map(int, input('Enter two digits: ').split())    # 2 整数の入力
8: print(' 被除数', ' 除数', ' 余り', sep = '\t')
9: print(' 最大公約数 GCD: ', gcd(x, y))
```

実行結果

```
Enter two digits: 330 39
被除数    除数    余り
330      39     18
39       18      3
18        3      0
最大公約数 GCD:  3
```

最大公約数が求まる途中経過の出力を示しています。実行結果は，gcd(330, 39)，gcd (39, 18)，gcd (18, 3) , gcd (3, 0) の最大公約数が等しいこと，GCD は 3 であることを示しています。L9 で gcd(y, x) としても GCD の値は同じです。gcd() では引数の並びの順序は問いません。

関数内での繰り返しのパターンに注目して，再帰関数を定義すれば，次のプログラムとなります。

プログラム 2　　euclid_gcd_re.ipynb　　　　＃　再帰関数を定義して GCD を求める

```
1: def gcd(x, y):
2:   if y != 0 :
3:     return gcd(y, x%y)                # 再帰呼び出し。分解
4:   else:
5:     return x
6:
7: x, y = map(int, input('Enter two digits: ').split())    # 2 整数の入力
8: print(' 最大公約数 GCD', gcd(x, y))
```

　上の関数をモジュール化すれば，あるいは math モジュールの gcd() 関数を使えば，プログラムはフラットに簡潔になります。

```
import math
print('math モジュールでの GCD: ', math.gcd(x, y))
```

例題 3.2 ＊

　二つの自然数 x, y に対して，それぞれを**素因数分解（prime factorization）**して最大公約数を求めるプログラムを作成する。

【ヒント】

　素因数とは，自然数の約数になる素数のことです。素因数分解では，ある自然数をいくつかの素因数の（ベキ乗）であらわします。1 は素数ではないので素因数ではありません。素因数の定義から素数は自分自身が素因数になることができます。

　　例：$60 = 22 \times 3 \times 5$　　　　　# 合成数

　　例：$17 = 17 \times 1$　　　　　　　　# 素数

　プログラムでは，項目をキーが素因数，値が素因数の指数とする辞書を返す関数を自作します。

　　例：60 の素因数分解の辞書表現　　　{2: 2, 3: 1, 5: 1}

　　例：17 の素因数分解の辞書表現　　　{17: 1}

　なお，SymPy ライブラリの関数 factorint(x) を用いて素因数分解することもできます。

プログラム　gcd_primefact.ipynb

```
1: def try_division(num) :              # 素因数分解を辞書形式で求める関数の定義
2:   list_pf= []
3:   divisor = 2                        # 最初の除数。2 は最初の素数
4:   while num >= 2:          # 繰り返し。num = 1 になったら while ループを抜ける
5:     q, r = divmod(num, divisor)      # 商 q, 余り r をもとめる組み込み関数 divmod()
6:     if r == 0:                       # 余り 0。割り切れる
7:       list_pf.append(divisor)        # 約数としてリストに収める
```

```
 8:          num = q                          # 商を新たな num にして，さらに割り切れるかを試みる
 9:      else:
10:          divisor = divisor + 1           # 割り切れないときには，+1 して次の除数に移る
11:     dict_pf = {i: list_pf.count(i) for i in list_pf}      # リストを辞書に変換
12:     return dict_pf
13:
14: x = int(input('Enter a digit x : '))
15: y = int(input('Enter a digit y : '))
16: divisors1 = try_division(x)                # x の素因数分解の辞書。
17: print('x の素因数分解の辞書:', divisors1)
18: divisors2 = try_division(y)                # y の素因数分解の辞書
19: print('y の素因数分解の辞書:', divisors2)
20: listc = list(set(divisors1.keys()) & set(divisors2.keys()))
21: print(' 共通のキー（素因数）のリスト:', listc)  # 共通のキー（素数）のリストを得る
22: gcd = 1
23: for i in range(0, len(listc)):
24:     if divisors1[listc[i]] <= divisors2[listc[i]]:     # 値の小さい方を選ぶ
25:        gcd *= listc[i] ** divisors1[listc[i]]          # 一つの素数のベキ乗の累積
26:     else:
27:        gcd *= listc[i] ** divisors2[listc[i]]
28: print(' 最大公約数:', gcd)
29: print()
30: import sympy
31: print('sympy 最大公約数:', sympy.igcd(x, y))              # 確認
32: print('x の素因数分解:', sympy.factorint(516096))
33: print('y の素因数分解:', sympy.factorint(207360))
```

実行結果の一例

```
Enter a digit x : 516096
Enter a digit y : 207360
x の素因数分解の辞書: {2: 13, 3: 2, 7: 1}
y の素因数分解の辞書: {2: 9, 3: 4, 5: 1}
共通のキー（素因数）のリスト: [2, 3]
最大公約数: 4608

sympy 最大公約数:4608
x の素因数分解:{2: 13, 3: 2, 7: 1}
y の素因数分解:{2: 9, 3: 4, 5: 1}
```

　二つの自然数の素因数分解により，最大公約数を求めることができることが分かりました。また，素因数分解して，共通の素因数がなく，共通の約数が 1 しかないことが分かれば，この二数は「互いに素」です。また，最大公約数が 1 の場合に，この二数は「互いに素」であるともいえます。

　素因数分解により最大公約数を求める方法は，ユークリッドの互除法と比べると，プログラムの作成は容易とはいえず，手続きも簡潔さに欠け，実行速度も遅いというデメリットがあります

（課題 3.4）。最大の問題は，大きな数では容易ですが，巨大な数になると，素因数分解がきわめて困難になることです。大きな数では，たとえば，954590093 の素因数分解は，コンピューターを使えば一瞬でできて {7283: 1, 131071: 1} が得られます。この程度の桁数の自然数ならコンピューターでは簡単ですが，桁数が数百桁の巨大数となるとコンピューターでも容易ではないのです。

【CS】素因数分解の困難さを利用した暗号

　暗号の現代的方法の一つに RSA 暗号があります。これは「桁数が非常に大きな素数同士を掛け合わせた巨大な整数（数百桁の整数）を素因数分解することは簡単にはできない，現実的な時間内に計算を終えることは困難である」という性質を利用した暗号です。RSA 暗号は，インターネットのセキュリティ技術として広く利用されています。

例題 3.3

　三つ以上の自然数に対する最大公約数を，二つの自然数の GCD を求めるユークリッドの互除法を繰り返すことで求める。例：782, 182, 356 で，最大公約数は 2。

【ヒント】

　二つの数での手順を拡張することを考えます。GCD は対象となる数が共通する最大の約数なので，最初に二つの数の GCD を求めて，この GCD と三つ目以降の数との GCD を順次求めていけばよいことが分かります。たとえば，3 変数に上の考え方を当てはめると，次式が成立します。

$$\gcd(x, y, z) = \gcd(\gcd(x, y), z) \tag{3.2}$$

プログラム　euclid_gcd3.ipynb

```
1: def gcd(x, y):                # GCD を求める自作の関数の定義
2:   while y != 0:
3:     x, y = y, x % y
4:   return x
5:
6: x, y, z =  map(int, input('Enter integers with a spce: ').split())
7: a = gcd(x, y)
8: b = gcd(a, z)                 # L7, L8 をまとめて, b = gcd(gcd(x, y), z) としてもよい
9: print('GCD:', b)
```

　さらに，**高階関数** reduce() を用いて，GCD を求めることができます。関数 reduce() はイテラブルの各要素に対して，二つの引数をもつ関数を左から右に累積的に適用し最終的に一つの値として返しますので（例題 1.4 参照），(3.2) 式の演算をおこなうことができます。reduce() の第一引数の関数には上のプログラムの gcd(x, y) を用いることにし，関数名のみを渡すと，次のコードとなります。

```
import functools                          # モジュール functools のインポートが必要
x, y, z = map(int, input('Enter integers with a spce:').split())
d = functools.reduce(gcd, [x, y, z])      # reduce() の呼び出し
print('GCD:', d)
```

SymPy ライブラリ，あるいは math モジュールにある，3 変数以上の GCD を求める関数を用いることもできます。

```
import math
x, y, z = map(int, input('Enter integers with a spce:').split())
c = sympy.igcd(x, y, z)                    # math.gcd(x, y, z)
print('GCD:', c)
```

課題 3.1

ユークリッドの互除法で，割り算は引き算の繰り返しで実現できる。例題 3.1 のプログラムを引き算を用いたコードに変更せよ。ユークリッドは元々引き算を用いていたといわれる。`gcd(x, y) = gcd(x-y, y)` という関係があることを使えばよい。

課題 3.2

最大公約数を求めるアルゴリズムとして，定義通りに，二つの自然数について，それぞれのすべての約数を求め，次に公約数を求め，最後に最大公約数を求める手順が考えられる。このプログラムを作成せよ。約数を求める関数を定義すること。

課題 3.3

連続する二つの自然数 x, y は「互いに素」（最大公約数が 1）である。たとえば，99999, 100000 について，ユークリッドの互除法と素因数分解による方法の二つの方法で，x, y の最大公約数が 1 であることを確認せよ。SymPy ライブラリの関数 `sympy.igcd(x, y)`, `sympy.factorint(x)`, `sympy.factorint(y)` を用いてよい。

課題 3.4

課題 3.3 のデータ，99999, 100000 について，ユークリッドの互除法と素因数分解法の二つの自作したプログラムを用いて，最大公約数 1 を求める平均的な実行時間を測定し，実行速度を比較せよ。これによりユークリッドの互除法は，素因数分解による方法と比べてはるかに高速ということを確かめる。プログラムは，冒頭に `%%timeit` コマンドを置き，すべての `print()` をコメントにする。

課題 3.5

　フィボナッチ数列の隣同士の項は「互いに素である」ことを，第 50 項までのフィボナッチ数で確認せよ。

課題 3.6

　ある自然数 n が 2 のベキ乗で表されるかどうかを調べよ。n を素因数分解して，これを辞書で表すと，項目をキーが素因数，値が素因数の指数とするとき，{2: 指数}，すなわち，辞書のキーとして 2 があり，サイズが 1 であれば，n は 2 のベキ乗で表されることになる。

3.3　円周率を求めるアルキメデスの方法

　アルキメデスのアルゴリズムの優れた点は，数学定数である π を計算で求めるために，π の近似値を下限値と上限値で**挟み撃ち**する不等式を見出して，これを利用して逐次に解の存在範囲を狭めることで近似を高めて解を求めることができることを示したことにあります。この挟み撃ちによる**逐次近似のアルゴリズム**は，コンピューターが最も得意とする繰り返し処理を使って効率的に高精度の近似解を得ることができることから，現代のコンピューター科学おいても高い評価を受けているのです [36]。このアルキメデスの方法を先駆けとする挟み撃ち法は，二分法のアルゴリズムでも用いられるなど，逐次近似により数値解を求める一般的な方法となっています（5.4.1）。

　アルキメデスの方法とは，判型 r の円と円に内接する正 n 角形，外接する正 n 角形について，

　　内接正 n 角形の周の長さ ＜ 円周 ＜ 外接正 n 角形の周の長さ　　　　　　　　(3.3)

という不等式を利用して，n が大きいほど円周 $2\pi r$ がより正確に求まることから，円周率 π のより良い近似値を求めることができる，というものです [36]。

　正 $(2^v n)$ 多角形を考えます。$n = 6$ として，$v = 0, 1, 2, 3, 4, \ldots$ とすれば，正 6, 12, 24, 48, 96, … 角形となります。いま，正 6 角形を取り上げると（図 3.1），半径 r の円について

　　内接正 6 角形の周長 ＜ $2\pi r$ ＜ 外接正 6 角形の周長

が成り立つことに注意すれば，

　　$6r < 2\pi r < 4r\sqrt{3}$

となります。これを整理して

　　$3 < \pi < 2\sqrt{3}$

が得られます。ここで，左の不等号の左辺を $b_0 = 3$，右の不等号の右辺を $a_0 = 2\sqrt{3}$ とおきますと，正 12, 24, 48, 96, … 角形に対して，下記の漸化式で表される規則性

$$a_{v+1} = \frac{2a_v b_v}{a_v + b_v}$$

(3.4)

$$b_{\nu+1} = \sqrt{a_{\nu+1}b_\nu} \tag{3.5}$$

が成り立ち,

$$b_{\nu+1} < \pi < a_{\nu+1} \tag{3.6}$$

の関係式が得られます [37]。この関係式から, 近似の次数 ν が大きくなればなるほど, 解の存在範囲が狭まって, より良い π の近似値が得られることが分かります。

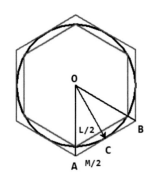

図 3.1　円に内接する正 6 角形と外接する正 6 角形。
前著 p118 図 5.1 と同じ。ここで, $\angle BOA = \theta, \angle COA = \frac{\theta}{2} = \vartheta$

例題 3.4

　上記の漸化式を用いて円周率を求めるプログラムを作成する。アルキメデスに倣って, 正 6 角形からスタートして正 96 角形まで, 円周率を逐次に近似計算する。

プログラム　arch_pi.ipynb

```
 1: import numpy as np
 2: def archi_pi(m):
 3:   a, b = [None] *(m+1), [None] *(m+1)
 4:   a[0], b[0] = 2*np.sqrt(3), 3                # 正 6 角形からスタート
 5:   print('第 0 近似 正', n, ' 角形  ', b[0], '\t', a[0])
 6:   for i in range(0, m):                       # 繰り返し
 7:     a[i+1] = ((2*a[i]*b[i])/(a[i] + b[i]))
 8:     b[i+1] = np.sqrt(a[i+1]*b[i])
 9:     print('第', i+1, ' 近似  正', 2**(i+1)*n, ' 角形  ', b[i+1], '\t', a[i+1])
10:   return b[i+1], a[i+1]
11:
12: n = 6               # 正 6 角形からスタート, 第 0 近似から第 m 近似まで
13: m = int(input('Enter the max order of approximation: '))
14: ap_pi_in, ap_pi_out = archi_pi(m)
15: ap_pi = (ap_pi_in + ap_pi_out) / 2
16: print(' 円周率の近似値 : ', round(ap_pi, 6))
```

実行結果

```
Enter the max order of approximation: 4
第 0 近似　正 6 角形　　3                           3.4641016151377544
第 1 近似　正 12 角形　  3.1058285412302493         3.215390309173473
第 2 近似　正 24 角形　  3.132628613281238          3.1596599420975005
第 3 近似　正 48 角形　  3.139350203046867          3.146086215131435
第 4 近似　正 96 角形　  3.1410319508905093         3.1427145996453683
円周率の近似値：  3.141873
```

前著（p.119）では円周率の近似値を，$\theta = 180/n$ として，不等式

$$n \sin \theta < \pi < n \tan \theta \tag{3.7}$$

を使って求めていますが，この (3.7) 式が，上記 (3.6) 式に対応していることが分かります。ところで，コンピューターで (3.7) 式を計算するとなると，三角関数を使用することになりますが，三角関数は角度 radian で計算されますので，円周率の近似値を求める計算の過程で，求めようとしている値であるはずの円周率を既知として使うことになります。ということで，前著の例題 5.19 のプログラムは論理的におかしいのではないかという問題を抱えています。

例題 3.5

円周率の近似値をライプニッツ（Leibniz）の公式により求める。

$$\frac{\pi}{4} = 1 - \frac{1}{3} + \frac{1}{5} - \frac{1}{7} + \ldots = \sum_{n=0}^{\infty} \frac{(-1)^n}{2n + 1}$$

プログラム　pi_Lb1.ipynb

```
 1: sumx = 0
 2: j = 1
 3: for i in range(0, 5000):            # 繰り返しの回数が巨大
 4:    if i % 2 == 0:
 5:       sumx += 1/(i+j)
 6:    else:
 7:       sumx += -1/(i+j)
 8:    j += 1
 9:
10: print(' πの近似値', 4 * sumx)       # 3.141392653591791
```

この公式は単純な形をしていますが，円周率の計算に用いるには収束が非常に遅く，近似の精度もよくないことが分かります。繰り返しを 50000 にして実行して，精度を見てください。

ライプニッツの公式で，$\sum_{n=0}^{\infty} \frac{(-1)^n}{2n+1}$ を使って，分数計算でプログラムすることもできます。

プログラム　pi_Lb2.ipynb

```
1: from fractions import Fraction          # 分数計算に必要なモジュールのインポート
2: N = 5000
3: listx = [Fraction((-1) ** n, (2 * n + 1)) for n in range(N)]       # 内包表記
4: sumx = sum(listx)                                      # 各項の総和を求める
5: print(' πの近似値：', 4 * float(sumx))   # float に変換。3.1413926535917933
```

L3 で，n = 0 から N-1 までの N 個の各項を求めて，リスト listx の要素としています。

【Prg】分数（fraction）の計算

標準ライブラリの fractions モジュールを使い，Fraction クラスをインポートして使うと，分数を含む有理数（rational number）の計算ができます。

プログラム例

```
from fractions import Fraction
print(Fraction(1, 10))                      # 1/10
print(float(Fraction(1, 10)))               # 0.1 分数を float に
print(Fraction(1, 5) + Fraction(1, 3) )     # 8/15 分数の和
print(Fraction(0.75))                       # 3/4 float を分数に
print(Fraction(0.75) + Fraction(1, 10))     # 17/20
print(Fraction(0.1))                        # 3602879701896397/36028797018963968
```

Fraction(0.1) で，なぜ 1/10 にならないのか，その理由を考えてみてください。

課題 3.7

アルキメデスのアルゴリズムは，**漸化式（再帰関係式）** (3.3) 式，(3.4) 式に基づいている。ということは，再帰関数を定義して再帰呼び出しを使うプログラムが作成できることを示唆している。プログラムを再帰で作成せよ。

課題 3.8

円周率の近似値をウォリス（Wallis）の公式により求めよ。

$$\prod_{n=1}^{\infty} \left(\frac{2n}{2n-1} \cdot \frac{2n}{2n+1} \right) = \frac{2 \cdot 2}{1 \cdot 3} \cdot \frac{4 \cdot 4}{3 \cdot 5} \cdot \frac{6 \cdot 6}{5 \cdot 7} \cdot \frac{8 \cdot 8}{7 \cdot 9} \cdots = 2\pi$$

この公式も円周率の計算に用いるには収束が非常に遅く，近似の精度もよくないことを確認する。

課題 3.9

円周率の近似値をマチン（Machin）の公式により求めよ [38]。

$$\frac{\pi}{4} = 4\arctan\frac{1}{5} - \arctan\frac{1}{239} = 4\sum_{n=0}^{\infty}\frac{(-1)^n}{2n+1}\left(\frac{1}{5}\right)^{2n+1} - \sum_{n=0}^{\infty}\frac{(-1)^n}{2n+1}\left(\frac{1}{239}\right)^{2n-1}$$

マクローリン展開を用いて arctan を展開した右端の式を用いてプログラムを作成する。

課題 3.10

円周率の近似値は，定積分，たとえば，次の式を用いて求めることができる。

$$\pi = 4\int_0^1\sqrt{1-x^2}$$

(1) $\sqrt{1-x^2}$ のグラフ（単位円の第 1 象限）を描け。

(2) 定積分を求めよ。

課題 3.11

円周率などの定数を英語圏ではニーモニックの（mnemonic, 記憶の助けとなる）英文を使って覚える。すなわち，英文の中に現れる単語の文字数を順に調べることで，定数の数値を知ることができる。たとえば，円周率を覚える英文に，May I have a large container of coffee? がある。この句読点と記号を除いた英文使って，円周率の数値を得るプログラムを作成せよ。

ネイピア数 e を覚える英文に By omnibus I traveled to Brooklyn がある。同様にしてネイピア数の数値を得よ。

3.4　素数列を求めるエラトステネスの篩の方法

素数（prime）とは，2 以上の自然数で，約数が 1 と自分自身のみである数のことです。1 より大きい自然数で素数でないものは合成数（composite number）と呼ばれます。1 は，素数でもなければ合成数でもありません。

素因数（prime factor）とは，自然数の約数になる素数のことです。素因数分解（prime factorization）とは，自然数を素数の積の形で表すことで，任意の自然数に対して，素因数を掛ける順番の違いを除いて，ただ 1 通りです。

本節では本題に入る前に，素数の判定の手続きを行うプログラムを作成します。

3.4.1　素数か／合成数かを判定するプログラム

素数の判定には，SymPy ライブラリの isprime(n) 関数を使うことができますが（課題 1.5)，ここでは，素数の判定プログラムを自作します。

例題 3.6

ある自然数 n が素数か／合成数かを**試し割り**により判定するプログラムを作成する。素数は

True，合成数と 1 は False とする。

プログラム　prime_tf.ipynb

```
 1: def is_prime(n):
 2:   if n <= 1:
 3:     return False
 4:   for i in range(2, int(n**0.5)+1):      # for i in range(2, n+1) としなくてよい
 5:     if n % i == 0:            # 試し割り
 6:       return False            # 合成数
 7:   return True                 # 素数
 8:
 9: n = int(input('Enter a natural number >= 2 : '))     # 例 997
10: print(is_prime(n))                                    # True
```

例題 3.7

　素数か／合成数かの判定を，自然数を素数の積で表す**素因数分解**（例題 3.2）で行うことができる。自然数の素因数分解をキーが素因数，値が素因数の指数とする辞書形式で表したとき，その自然数が素数であるとは，項目数 1 で，{自然数：1} で表せる場合である。それ以外の辞書表現のときには合成数である。

プログラム　prime_fact.ipynb

```
 1: def try_division(num) :                   # 素因数分解を辞書形式で求める関数の定義
 2:   list_pf= []
 3:   divisor = 2
 4:    while num >= 2:
 5:       q, r = divmod(num, divisor)    # 商 q，余り r を求める組み込み関数 divmod()
 6:       if r == 0:                     # 余り 0。割り切れる
 7:        list_pf.append(divisor)       # 約数としてリストに収める
 8:        num = q                       # 商を新たな num にして，さらに割り切れるかを試みる
 9:       else:
10:         divisor = divisor + 1        # +1 して，次の除数に移る
11:   dict_pf = {i: list_pf.count(i) for i in list_pf}      # 辞書に変換
12:   return dict_pf
13:
14: n = int(input('Enter an integer n: '))
15: dict_pf = try_division(n)
16: print(dict_pf)                    # 辞書 {素因数 1: 指数 1，素因数 2: 指数 2，. . . }
17: if n in dict_pf and dict_pf[n] == 1:     # n がキーかつキー n の値が 1 ならば
18:   print(n, ' は素数です')
19: else:
20:   print(n, ' は合成数です')
```

実行結果の例

```
Enter an integer n: 997
{997: 1}
997 は素数です
Enter an integer n: 954590093
{7283: 1, 131071: 1}
954590093 は合成数です
```

課題 3.12

　フィボナッチ数列で，第 1 項から第 n 項までの偶数項のフィボナッチ数は合成数であることを確かめよ（ただし，第 4 項は 3 で素数であるから，これを除く）。フィボナッチ数列をリストで表すと [1, 1, 2, 3, 5, 8, 13, 21, 34, 55, . . .] である。

3.4.2　エラトステネスの篩により素数列を求めるプログラム

　自然数 n までに存在するすべての素数を求める手法に試し割り（例題 3.6）をしないで，篩（ふるい）をかけて合成数を取り除くエラトステネスの篩というアルゴリズムがあります。試し割り法では計算時間がかかる割り算を多数回繰り返しますのでかなりの実行時間を要しますが，篩法では割り算がありませんので，より効率的となります。

　このプログラムは，前著 [3]p.151 の例題 6.8 で紹介していますが，計算結果の出力を pprint モジュールを使うコードに変更して再掲します。

例題 3.8

　エラトステネスの篩により素数列を求める。素数はリストに収めるようにする。たとえば，自然数 2〜100 までの範囲にある素数と素数の個数を出力する。

プログラム　erato_primes_prg.ipynb

```
 1: import pprint
 2: def erato_primes(n):
 3:   list_TF = [True] * (n + 1)                  # 初期化
 4:   list_TF[0] = False                          # index が 0 の要素は，埋め草
 5:   list_TF[1] = False                          # 1 は素数ではない。False
 6:   for x in range(2, int(n**0.5) + 1):         # 繰り返し
 7:     if list_TF[x]:                            # True ならば
 8:       for j in range(x*x, n + 1, x):          # n までの数に篩をかける
 9:         list_TF[j] = False                    # 倍数は False とする
10:   list_prime = [i for i in range(n + 1) if list_TF[i]]  # True は素数
11:   return list_prime, len(list_prime)
12
13: n = int(input('Enter an integer n = '))
14: list_prime, size = erato_primes(n)            # 関数の呼び出し
15: print(n, ' までのすべての素数と素数の個数')
16: pprint.pprint(list_prime, width = 60, compact = True)
```

```
17: print(size)
```

実行結果の例

```
Enter an integer n = 100
100 までのすべての素数と素数の個数
[2, 3, 5, 7, 11, 13, 17, 19, 23, 29, 31, 37, 41, 43, 47, 53,
 59, 61, 67, 71, 73, 79, 83, 89, 97]
25
```

　L3 ですべての素数を入れるリスト List_TF を用意し，すべてを True（素数のフラグ，flag）として初期化し，L4，L5 で，第 0，第 1 要素を Flase（素数ではないフラグ）としています。L6 から L9 の 2 重の for 節で，素数を見出したら，その倍数の要素には False（合成数）を代入しています。L10 で True の要素のみ，素数を要素とするように変換してリスト List_prime に代入しています。この篩で最初に気づいてほしいことは，2 を除く素数はすべて奇数であることです。

　試し割りをしないで，この True と False をフラグとして使うエラトステネスの篩により最も効率的に素数列を求めることができます。エラトステネスの篩が高く評価されるのは，この計算の高速性にあります。これにより，いろいろな素数の性質を詳しく効率的に調べることができるのですが，それについては次章 4.1 節で取り組みます。

　素数列は，SymPy ライブラリの pimerange() 関数を用いることで，簡単に求めることができます。pimerange() 関数はエラトステネスの篩のアルゴリズムを用いています。上の例では

```
import sympy
a = 2
b = 100
print(sympy.primerange(a, b))            # ジェネレータオブジェクト
print(list(sympy.primerange(a, b)))      # 素数列はリストに変換して得られる
```

sympy.primerange(a, b) は a 以上 b 未満の素数を生成するジェネレータオブジェクトを返します。ジェネレータオブジェクトはイテレータですから，リストのコンストラクタに引数として渡してリストに変換します。イテレータを用いることで，計算時間の短縮とメモリ占有量を節約することができます。

　ジェネレータ関数を用いてイテレータを返すプログラム例が StackOverflow のサイトに掲載されています [39]。それによれば，上のプログラムの場合，L6-L11 を次のように変更すればよい。

```
for i, TF in enumerate(list_TF):     # list_TF = [False, False, True, True, . . . ]
  if TF:                             # True ならば，インデックスは素数
    yield i                          # 素数を yield する
    for j in range(i*i, n+1, i):     # 素数の倍数を False にする篩の繰り返し
```

```
        list_TF[j] = False
```

enumerate() 関数を使って，リストのインデックス（素数）と要素 (True or False) を順に取り出すコードがスマートです。

課題 3.13

上記のエラトステネスの篩のプログラムでは for 節を用いた繰り返しである。これを再帰関数を用いて再帰呼び出しで繰り返すプログラムに改作せよ。再帰呼び出しによる繰り返しは，for 節による繰り返しよりは時間がかかることを確認する。素数はリストに収めること。

3.4.3　素数列を求める，その他の方法によるプログラム

例題 3.9

試し割り法で，素数（prime number）を，ジェネレータ関数を定義して求める。素数はリストに収めるようにする。

プログラム　prime_trydv_gen.ipynb

```
 1: def gen_primes(n):                      # ジェネレータ関数の定義
 2:   for x in range(2, n+1):               #   繰り返し
 3:     flag = True
 4:     for i in range(2, int(x**0.5)+1):
 5:       if x % i == 0:
 6:         flag = False
 7:         break
 8:     if flag == True:
 9:       yield x                           # 素数を yield する
10
11: n = int(input('Enter an integer n : '))
12: list_prime = list(gen_primes(n))        # ジェネレータ関数はイテレータを返す
13: pprint.pprint(list_prime)
14: print(len(list_prime))
```

L12 では，ジェネレータ関数が呼び出されて，処理が終わればジェネレータオブジェクト（イテレータ）が返されます。さらにイテレータをリストに変換しています。イテレータを使うことにより，実行時間の短縮が期待されます。

例題 3.10 ＊

高階関数 filter() を用いて素数の抽出と合成数の篩を行って素数列を求める [3]。素数はリストに収めるようにする。本書では filter 法と呼ぶことにする。

プログラム　prime_filter.ipynb

```
 1: import pprint                                # 整形出力
 2: def primes(n):
 3:   list_prime = list(range(3, n+1, 2))        # 3 から始める
 4:   for i in range(3, int(n**0.5) + 1):        # 繰り返し
 5:     list_prime = list(filter(lambda x:   x == i or
 6:                              x % i !=0, list_prime))
 7:   return list_prime, len(list_prime)
 8:
 9: n = int(input('Enter an integer n : '))
10: list_prime, size = primes(n)
11: list_prime = [2] + list_prime               # 2 は素数
12: print('n, ' までのすべての素数と素数の個数')
13: pprint.pprint(list_prime, width = 60, compact = True)
14: print(size+1)
```

filter() 関数を用いることで，for 節の入れ子をなくしています。2 は素数であることは既知
としていますので，L3 の range() 関数の開始値を 3 としています。

課題 3.14

　試し割り法で素数を求めるプログラムを，再帰呼び出しを使って作成せよ。素数はリストに収
めるようにする。一般に再帰呼び出しを使うと，再帰の階層が深くなって時間がかかること，ま
た n が大きくなると recursion error が起きることを確認する。

課題 3.15

　n までの自然数に存在する素数を異なるアルゴリズムの複数のプログラムで求めよ。
$n = 1000, n = 100000$ で，プログラムの実行効率に違いがあるかを調べる。素数が正しく求
められていることを確認済みのプログラムで，結果は素数の個数だけを出力することでよい。
$n = 100000$ でなぜ実行時間に大きな差が出たのかを考察せよ。
【ヒント】
　実行時間の測定には %%timeit コマンドをプログラムの冒頭に置きます。同じアルゴリズム
でもプログラムの記述が異なれば，実行時間に大きな差が生じます。なお，素数は $n = 1000$ で
は全部で 168 個，$n = 100000$ では全部で 9592 個あります。

　上に述べた素数列を求める方法で，計算の速さには，自然数 n が小さいときには体感的な違い
はほとんどありません。n が巨大になると，True と False をフラグとして使うエラトステネス
の篩が一番速く，次いで filter 法が速い，となります。
　ただし，エラトステネスの篩を用いる場合でも，篩の方法が異なれば，n が巨大になると，た
とえば，$n = 100000$ では，実行効率がきわめて悪くなることがあります。たとえば，リストや
集合を用意し，要素として n までの自然数をすべて収めてから，これに続くコードでコンテナか

ら合成数を取り除く処理を繰り返す場合です。この過程で，コンテナのサイズの変更があり，コンテナの処理で append や remove メソッドを用いたり，合成数を取り除く篩に集合の演算「差」を用いると，かなりの実行時間がかかるのです。

【CS】プログラミングと論理的思考

　プログラミングで「論理的にアルゴリズムを考えるのをやめよう」という意見があります [39]。「競技プログラミングに参加している学生は，自分で問題を解くロジックを考えだすのだと思ったが，そうではない。その場でオリジナルのアルゴリズムを考えても時間はかかるし間違いが起こる可能性も高くなる。自分の頭に入っているアルゴリズムが与えられた問題にどうフィットするかという戦略をとっている。これはこれからプログラミングを始める人にもいえる」（著者要約）というのです。

　競技プログラミングの場で論理的思考をやめているように見えるのは，彼らが定番のアルゴリズムを理解済みの知識として大量に蓄積し，それらを無意識のうちに組み合わせ再利用するスキルを習得しているからと思われます。競技レベルに達していない学習者は，まずは丸暗記ではなくて論理的にアルゴリズムを考えて知識の蓄積をしなければなりません。

　アルゴリズムの考案にはアイデアやひらめきを欠かすことはできませんが，アイデアの実現に論理的思考を放棄できるでしょうか。古代ギリシャの三賢人は論理的思考をすることをやめて課題解決にあたったのでしょうか。

　論理的思考は，やり方は様々ですが，すべての研究に通底しています。どのような分野においてもスキルを向上させ，上のレベルを目指すのであれば，論理的に考え努力する研鑽とトレーニングが欠かせません [12]。ただし，現在のレベルより下の問題に取り掛かるときには，論理的思考を意識的にすることはほとんどなくなります。研究やアルゴリズムの考案では，ある段階に達すると，後は一気呵成に進展することがあり，こういうときには論理的思考をしなくても済みますが，論理的思考の必要性はなくなりません。

　プログラミングにおいては，論理的な思考の試行錯誤の過程で，アハモーメントを体験する機会が得られ，センス・オブ・ワンダーが触発されます [3][10]。これらがあるからこそ，プログラミングは面白くエキサイティングになるのではないでしょうか。トップレベルの競技参加者もどこかの段階でこういう経験をたくさんしているはずです。

第4章
『博士の愛した数式』の プログラミング

本章では，小川洋子さんの小説『博士の愛した数式』（新潮社，2003）の中に出てくる数式（というよりは特別な数が多い）の興味深い不思議な性質を調べるプログラミングを行います。さらに同書には現れていない関連する数も取り上げます。これを区別するため，小説に現れる用語の説明の見出しには記号 $\sqrt{}$ を付けています（小説で数学者が家政婦の息子をルートと名付けたことに因んでいます）。取り上げ方は関連のある用語をまとめて扱うため，順不同です。

ここで留意しておきたいことは，プログラミング力がなければ不思議な数の世界の扉を開けることはできないことです。本節のアルゴリズムは数の定義に他ならないシンプルなものが多いのですが，これをプログラムに変換することではじめて定義を満たす数を具体的に多数見出すことができて，それらの数がもつ性質を明らかにすることができるのです。プログラミングはごく普通の人が巨大な数を扱って数の不思議を身近に感じることできる手段を提供してくれます。皆さんも是非センス・オブ・ワンダーに触発される体験をしてください。

本章の多くの例題・課題は，文献案内 第4章の [40]-[47]，ウィキペディアなどから作題の素材を得て，プログラムを作成しています。

4.1　素数の不思議

　不思議な素数の世界には，双子素数，回文素数，メルセンヌ素数，素数定理，素数生成多項式，ウィルソンの定理などがあります。本題に入る前に，プログラムで使うモジュールファイルや関数をまとめておきます。

　素数列はエラトステネスの篩のアルゴリズムにより求めることにしますので，例題 3.7 のプログラム primes_erat_prg.ipynb の関数 erato_primes(n) をモジュールに収めて，erato_primes.py とします。

モジュールファイル　erato_primes.py

```
def erato_primes(n):
  list_TF = [True] * (n + 1)                 # 初期化
  list_TF[0] = False                         # index が 0 の要素は，埋め草
  list_TF[1] = False                         # 1 は素数ではない。False
  for x in range(2, int(n**0.5) + 1):        # 2, 3, ... , int(n**0.5)
    if list_TF[x]:                           # True ならば
      for j in range(x*x, n + 1, x):         # n までの数に篩をかける
        list_TF[j] = False                   # 倍数は False とする
  list_prime = [i for i in range(n + 1) if list_TF[i]]  # True は素数
  return list_prime, len(list_prime)
```

　SymPy ライブラリの primerange(a, b) 関数を用いると，自然数 a 以上で b よりも小さい範囲の，すべての素数のリストを求めることができます（3.4.2 項）。

　n が素数かどうかの判定には，SymPy ライブラリの isprime(n) 関数を使います。数 n が素数であれば，True を，そうでなければ False を返します。

　いろいろな素数列は『オンライン整数列大辞典』にて確認するとよい [42]。

4.1.1　双子素数（twin primes）を求める（√）

　双子素数とは，素数のペアで差が 2 のものをいいます。

例題 4.1

　双子素数を $n = 150$ までの自然数に求め，タプルの要素としてリストに収める。

【ヒント】

　定義通りにプログラミングすればよい。以下の多くの例題でも同様です。自然数 n を大きくして実行を試みてください。

プログラム　twin_prime.ipynb

```
1: import pprint
2: import erato_primes                         # モジュールのインポート
3: n = int(input('Enter an integer n : '))     # 自然数の入力
4: list_prime, size = erato_primes.erato_primes(n)  # 関数呼び出し
5: list_twpr = []
```

```
 6: for i, j in enumerate(list_prime):
 7:   if i == size - 1:
 8:     break
 9:   else:
10:     num1 = list_prime[i]
11:     num2 = list_prime[i+1]
12:     if num2 - num1 == 2:                      # 双子素数ならば
13:       tpl_tw = (num1, num2)
14:       list_twpr.append(tpl_tw)
15: print(' 双子素数のリスト：', ' 個数', len(list_twpr))120
16: pprint.pprint(list_twpr, width = 60, compact = True)
```

実行結果

```
Enter an integer n : 150
双子素数のリスト： 個数 11
[(3, 5), (5, 7), (11, 13), (17, 19), (29, 31), (41, 43),
 (59, 61), (71, 73), (101, 103), (107, 109), (137, 139)]
```

4.1.2　いとこ素数（cousin primes）を求める

いとこ素数とは，素数のペアで差が 4 のものをいいます。

例題 4.2

いとこ素数を $n = 120$ までの自然数に求め，タプルの要素としてリストに収める。

プログラム　cousin_prime.ipynb

```
 1: import pprint
 2: import erato_primes
 3: n = int(input('Enter an integer n : '))
 4: list_prime, size = erato_primes.erato_primes(n)
 5: list_cspr = []
 6: for i, j in enumerate(list_prime):
 7:   if i == size - 2:
 8:     break
 9:   else:                                        # 連続する三つの整数について調べる
10:     num1 = list_prime[i]
11:     num2 = list_prime[i+1]
12:     num3 = list_prime[i+2]
13:     if num2 - num1 == 4:
14:       tpl_cs = (num1, num2)              # いとこ素数
15:       list_cspr.append(tpl_cs)
16:     if num3 - num1 == 4:
17:       tpl_cs = (num1, num3)              # いとこ素数
18:       list_cspr.append(tpl_cs)
19: print(' いとこ素数のリスト：', ' 個数', len(list_cspr))
20: pprint.pprint(list_cspr, width = 60, compact = True)
```

97

実行結果

```
Enter an integer n : 120
いとこ素数のリスト：個数 10
[(3, 7), (7, 11), (13, 17), (19, 23), (37, 41), (43, 47),
 (67, 71), (79, 83), (97, 101), (103, 107)]
```

4.1.3　回文素数（palindromic primes）を求める

回文素数とは，位取り記数法による表記が（通常は十進法で）回文数になっている素数のことです。

例題 4.3

回文素数を $n = 500$ までの自然数に求め，要素としてリストに収める。

プログラム　palin_prime.ipynb

```
 1: import numpy as np
 2: import erato_primes
 3: n = int(input('Enter an integer n : '))
 4: list_prime, size = erato_primes.erato_primes(n)
 5: list_pali_prime = []
 6: for i in list_prime:              # i は素数
 7:   digit = str(i)                  # 数を数字に変換
 8:   if digit == digit[: : -1]:      # 回文ならば
 9:         list_pali_prime.append(i)
10: print(' 回文素数', list_pali_prime, ' 個数',len(list_pali_prime))
```

実行結果

```
Enter an integer n : 500
回文素数 [2, 3, 5, 7, 11, 101, 131, 151, 181, 191, 313, 353, 373, 383] 個数 14
```

4.1.4　メルセンヌ素数（Mersenne primes）を求める（√）

メルセンヌ数（Mersenne numbers）とは，n を自然数としたとき，2^n-1 で表される自然数です。たとえば，ハノイの塔の課題における円盤 n の移動回数は，メルセンヌ数です。メルセンヌ数が素数の場合には，メルセンヌ素数（Mersenne primes）といいます。メルセンヌ数が素数ならば n は素数ですが，逆は成り立ちません。すなわち，n が素数でも，メルセンヌ数が素数になるとはかぎりません。

例題 4.4

メルセンヌ数 2^n-1 から素数（メルセンヌ素数）を抽出する。素数の判定には SymPy ライブラリの isprime() 関数を用いてよい。たとえば，$n = 20$ で試みる。

プログラム　mer_prime_pro.ipynb

```
 1: def mer_primes(n):
 2:   list_mer = list([2**i - 1 for i in range(1, n+1)])      # メルセンヌ数のリスト
 3:   list_mprime = []
 4:   for x in list_mer:
 5:     if isprime(x):
 6:       list_mprime.append(x)
 7:   return list_mer, list_mprime
 8:
 9: import pprint
10: from sympy import isprime
11: n = int(input('Enter an integer n in (2**n - 1) : '))
12: print(' メルセンヌ数のリスト：', ' 個数', len(list_mer))
13: pprint.pprint(list_mer, width = 50, compact = True)
14: print(' メルセンヌ素数：', list_mprime, ' 個数', len(list_mprime) )
```

実行結果

```
Enter an integer n in (2**n - 1) : 20
メルセンヌ数のリスト： 個数 20
[1, 3, 7, 15, 31, 63, 127, 255, 511, 1023, 2047,
 4095, 8191, 16383, 32767, 65535, 131071, 262143,
 524287, 1048575]
メルセンヌ素数： [3, 7, 31, 127, 8191, 131071, 524287] 個数 7
```

4.1.5　フィボナッチ素数（Fibonacci primes）を求める

フィボナッチ素数とは，素数であるフィボナッチ数のことです。

例題 4.5

フィボナッチ数からフィボナッチ素数を求める。

プログラム　fibo_prime_pro.ipynb

```
 1: def fibo(n):                    # フィボナッチ数を求める関数の定義
 2:   list_fib = []
 3:   for i in range(0, n):
 4:     x, y = 0, 1
 5:     for j in range(i):
 6:       x, y = y, x +y
 7:     list_fib.append(y)
 8:   return list_fib
 9:
10: def fibo_primes(n):             # フィボナッチ素数を求める関数の定義
11:   listpc = fibo(n)              # フィボナッチ数を与える
12:   del listpc[0: 2]              # 最初の 2 数は素数ではないので削除
13:   list_prime = []               # フィボナッチ素数を収めるリスト
```

```
14:    for i in listpc:           # フィボナッチ素数を求める繰り返し
15:      if isprime(i):
16:        list_prime.append(i)
17:    return list_prime, len(list_prime)
18:
19: from sympy import isprime
20: n = int(input('Enter an integer n : '))    # n 個までのフィボナッチ数を求める
21: list_prime, size = fibo_primes(n)
22: print(' フィボナッチ数', fibo(n), ' 個数', len(fibo(n)))
23: print(' フィボナッチ素数', list_prime, ' 個数', size)
```

実行結果

```
Enter an integer n : 15
フィボナッチ数 [1, 1, 2, 3, 5, 8, 13, 21, 34, 55, 89, 144, 233, 377, 610] 個数 15
フィボナッチ素数 [2, 3, 5, 13, 89, 233] 個数 6
```

4.1.6　エマープ（emirps，数素）を求める

エマープとは素数であり，かつ 10 進数表記で逆から数字を読むと元の数とは異なる素数になる自然数のことです。

例題 4.6

エマープを求めるプログラムを作成する。

プログラム　emirp.ipynb

```
1: import pprint
2: from sympy import isprime
3: import erato_primes
4: n = int(input('Enter an integer n : '))
5: list_prime, size = erato_primes.erato_primes(n)
6: list_emirp = []                    # エマープのリスト
7: list_emirp_rev = []                # エマープの逆順のリスト
8: for i in list_prime:               # i は素数
9:     digit = str(i)
10:     if isprime(int(digit[::-1])) and int(digit[::-1]) != i:
11:        list_emirp.append(i)
12:        list_emirp_rev.append(int(digit[: : -1]))
13: print('  エマープ', list_emirp, ' 個数', len(list_emirp))
14: print(' エマープ逆順', list_emirp_rev, ' 個数', len(list_emirp_rev))
```

実行結果

```
Enter an integer n : 150
  エマープ [13, 17, 31, 37, 71, 73, 79, 97, 107, 113, 149] 個数 11
エマープ逆順 [31, 71, 13, 73, 17, 37, 97, 79, 701, 311, 941] 個数 11個数 15
```

4.1.7　ガウス（Gauss）の素数定理を確かめる（√）

$\pi(n) \sim \frac{n}{\ln n}$ は，ガウスの素数定理と呼ばれています。～は漸近的に等しいこと，すなわち，

$$\lim_{n \to \infty} \frac{\pi(n)}{\frac{n}{\ln n}} = 1$$

を表しています。

例題 4.7 ✳

正の整数 n 以下の素数の個数 $\pi(n)$ とその漸近値 $n / \ln n$，両者の比を，$n = 10, 10^2, 10^3,$ $\ldots, 10^{10}$ まで求める。ここで $\ln$ は自然対数を表す。実行結果は，リストに収めること。

【ヒント】

10^{10}（100 億）という巨大な整数の素数の個数を求めるとなると，プログラムの実行効率を最優先しなければなりません。自作のプログラムでは大変ですので，SymPy ライブラリの関数 primepi(n) を使うとよい。primepi(n) を呼び出すことで，n 以下の素数を返してくれます。

プログラム　prime_thrm.ipynb

```
 1: import numpy as np
 2: import sympy
 3: y = []
 4: for i in range(1, 11) :          # 10, 10**2, 10**3, . . ., 10**10(100 億)
 5:   n = 10 ** i
 6:   y.append(sympy.primepi(n))
 7: print(' 真値 π (n):', y, len(y))
 8:
 9: yg = []
10: for i in range(1, 11) :
11:   n = 10 ** i
12:   yg.append(int(n / np.log(n)))        # 自然対数
13: print(' 漸近値:', yg, len(yg))
14:
15: ratio = []
16: for i in range(0, 9):
17:   ratio.append(round(y[i]/yg[i], 2))
18: print(' 両者の比:', ratio)
```

実行結果

```
π (n)： [4, 25, 168, 1229, 9592, 78498, 664579, 5761455, 50847534, 455052511] 10
漸近値： [4, 21, 144, 1085, 8685, 72382, 620420, 5428681, 48254942, 434294481] 10
両者の比： [1, 1.19, 1.17, 1.13, 1.10, 1.08, 1.07, 1.06, 1.05]
```

両者の比は，n を十分大きくとれば，いくらでも 1 に近づけられることが分かります。

4.1.8　オイラー（Euler）の素数生成多項式を確かめる

　オイラーの素数生成多項式と呼ばれる $x = n^2 - n + 41$ は，数多くの素数を生む式として知られています。

例題 4.8

　$x = n^2 - n + 41$ の $n = 50$ までについて，素数が得られる n と素数を要素とするリスト，素数が得られない n のリストを求める。素数の判定には Sampy ライブラリの isprime(x) 関数を用いてよい。

プログラム　prime_generator.ipynb

```
 1: from sympy import isprime
 2: import pprint
 3: num = 51
 4: list_prime = []
 5: listn = []
 6: for n in range(1, num+1):
 7:   x = n * n - n + 41
 8:   if isprime(x):
 9:     list_prime.append((n, x))
10:   else:
11:     listn.append(n)
12:
13: print(' オイラーの素数生成多項式：  x = n * n - n + 41')
14: print('n: ', n, ' 素数の個数: ', len(list_prime), '  リスト: n と素数のタプル')
15: pprint.pprint(list_prime, width = 70, compact = True)
16: print(' 素数が得られない n のリスト', listn)
```

実行結果は各自で求めてください。$n = 41, 42, 45, 50$ は素数を生まないことが分かります。ということで，$x = n^2 - n + 41$ は常に素数をとるわけではありません。なお，$x = n^2 + n + 41$ を用いることもあります。

4.1.9　ウィルソン（Wilson）の定理を確かめる

　素数について，ウィルソンの定理とよばれるものがあります。「ある自然数 p について，1 から $(p-1)$ までの数をすべて掛け算して，p で割り算したときに余りが $(p-1)$ ならば，p は素数である」というものです。

例題 4.9

ウィルソンの定理について，たとえば，p が 2〜10 までの自然数について，これを確認する。

プログラム　prime_wilson.ipynb

```
 1: num = int(input('Enter a natural number ( >= 2): '))
 2: print('p  数', 2*'\t', 'n       n%p      p-1')
 3: for p in range(2, num+1):            # 2, 3, ... , num
 4:   n = 1
 5:   for i in range(1, p):
 6:     n *= i
 7:   if n % p == p -1:
 8:     print(p, ' 素数', end = '  ')
 9:     print(' ', n, n % p, p -1, sep = '\t')
10:   else:
11:     print(p, ' 合成数', end = '  ')
12:     print(' ', n, n % p, p -1, sep = '\t')
```

4.1.10　ゴールドバッハ（Goldbach）予想を確かめる

　素数についてのゴールドバッハ予想とは「すべての 2 よりも大きな偶数は二つの素数の和として表すことができる。このとき，二つの素数は同じであってもよい」とされています。この予想は一般に正しいと想定されていますが，未だに証明されていません。

例題 4.10

　$n = 50$ までにある素数について，二つの素数の和が偶数になることを確認するプログラムを作成する。

プログラム　goldbach.ipynb

```
 1: import pprint
 2: import erato_primes
 3: n = int(input('Enter a number n : '))
 4: list_prime, size = erato_primes.erato_primes(n)
 5: print(n, ' までの素数の個数', size)
 6: pprint.pprint(list_prime, width = 80, compact = True)
 7: print(' 二つの素数の和の最大値', list_prime[size-1] * 2)
 8: print()
 9: list_even = []
10: for i in list_prime:
11:   for j in list_prime:
12:     if (i+j) % 2 == 0:
13:       list_even.append(i+j)
14: list_even = set(list_even)            # 二つの素数の和のすべて
15: print(' 上の素数列の二つの素数の和がつくる偶数のリスト：', ' 個数', len(list_even))
16: pprint.pprint(list_even, width = 80, compact = True)
17: print()
18: list_even2 = []
19: for i in range(4, list_prime[size-1]*2+2, 2):
```

```
20:     list_even2.append(i)
21: set_even3 = set(list_even2) - set(list_even)      # 差集合。左辺は欠けている偶数
22: print(list_prime[size-1]*2, 'までで欠けている偶数のリスト：',
23:        sorted(list(set_even3)), '個数', len(list(set_even3)))
24: print(list_prime[size-1]*2, 'までの 2 を除く偶数の全個数',
25:        list_prime[size-1] - 1)
```

実行結果

```
Enter a number n : 50
50 までの素数の個数 15
[2, 3, 5, 7, 11, 13, 17, 19, 23, 29, 31, 37, 41, 43, 47]
二つの素数の和の最大値 94

上の素数列の二つの素数の和がつくる偶数のリスト： 個数 45
{4, 6, 8, 10, 12, 14, 16, 18, 20, 22, 24, 26, 28, 30, 32, 34, 36, 38, 40, 42,
 44, 46, 48, 50, 52, 54, 56, 58, 60, 62, 64, 66, 68, 70, 72, 74, 76, 78, 80, 82,
 84, 86, 88, 90, 94}

94 までで欠けている偶数のリスト： [92]  個数 1
94 までの 2 を除く偶数の全個数 46
```

　このプログラムでは $n = 50$ までの素数では 4〜94 (= 47 + 47) のすべての偶数が作れません。欠けている偶数として 92 があります。この欠けた偶数を得るには，素数の追加が必要となりますが，そうすれば，94 までの偶数についてはゴールドバッハ予想が確認できます。

　$n = 100$ までの素数では 4〜194 (= 97 + 97) のすべての偶数が作れません。欠けている偶数として 174, 182, 184, 188, 190, 192 の 6 個があります。この欠けた偶数を得るには，素数を追加すれば，194 までの偶数についてはゴールドバッハ予想が確認できます。$n = 110$ までの素数では 4〜218 (= 109 + 109) のすべての偶数が作れます。このようにうまくいくのは稀です。

　上のプログラムを使って，$n = 100, 110, 1000$ では，どのような結果が得られるかを各自で確認してください。

課題 4.1

　2 を除くすべての素数は，n を自然数として，$4n + 1$ か，あるいは $4n - 1$ に分けられることを 100 までの素数について調べよ。

課題 4.2

　例題 4.7 について，x 軸に整数 n，y 軸に素数の個数 $\pi(n)$ とその漸近値 $n / \ln n$ をとるグラフを描け。$n = 10, 10^2, 10^3, \ldots, 10^{10}$ とする。両軸を常用対数軸とすること。

課題 4.3

digit = '123456789' から異なる 9 個のものをすべて並べる順列を求め，数字の列を数に変換してすべて素数ではないことを確かめよ．素数かどうかの判定には SymPy ライブラリの isprime() を用いてよい．

【ヒント】

1〜9 をすべて足し算すると 45 になります．45 は 3 で割り切れますので 1〜9 の数字でできた 9 桁の整数は 3 で割り切れます．

課題 4.4

数 31, 331, 3331, 33331, 333331, 3333331, 33333331, 333333331, 3333333331... が素数であるか，合成数であるかを調べよ．

課題 4.5

右切り捨て可能な素数（right-truncatable primes）の最大のものは 8 桁の数 73939133 である．数を右側から順に切り捨てていくとき，素数かどうかを判定せよ．この判定には，SymPy ライブラリの isprime() 関数を用いてよい．

課題 4.6

左切り捨て可能な素数の最大のものは 24 桁の数 357686312646216567629137 である．数を左側から順に切り捨てていくとき，素数かどうかを判定せよ．

4.2 その他の数の不思議

4.2.1 完全数（perfect numbers）を確かめる（√）

完全数とは，自分自身が自分自身を除く約数の和に等しくなる自然数のことです．また，完全数とは，自分自身を約数に含めると，正の約数の総和の 1/2 に等しい自然数のことである，ともいえます．1 はいつも約数ですが，完全数ではありません．

完全数の例

$6(= 1 + 2 + 3), (1 + 2 + 3 + 6)/2 = 6$

$28(= 1 + 2 + 4 + 7 + 14), (1 + 2 + 4 + 7 + 14 + 28)/2 = 28$

現在までに見つかっている完全数は，すべて偶数です．昇順で 6, 28, 496, 8128, 33550336, 8589869056, ... です．奇数の完全数はいまだ一つも見つかっていません．奇数の完全数が存在するかどうかの証明はありません．2 を除く素数は奇数ですが，素数は完全数ではありません．

例題 4.11

完全数を定義に従って $n = 10000$ までの自然数に求め，リストに収める。

プログラム　pnum.ipynb

```
 1: def find_sum_divs(num):       # 数 num の自分自身を除く約数の和を求める関数の定義
 2:   sumd = 1                     # 約数の和の初期化。1 はすべての数の約数
 3:   for i in range(2, num):      # 2, 3, . . ., num-1。num は含まない。
 4:     if num % i == 0:
 5:       sumd += i                # i は約数。約数を足していく
 6:   return sumd                  # 自分自身を除く約数の和
 7:
 8: def find_pnum(n):              # 自然数 n までの完全数を求める関数の定義
 9:   list_pnum = []               # 完全数を収めるリスト
10:   for num in range(2, n+1):
11:     if num == find_sum_divs(num):  # 完全数は自分自身を除く約数の和に等しい。
12:       list_pnum.append(num)
13:   return list_pnum
14:
15: n = int(input('Enter an integer n: '))
16: print('Perfect Numbers', find_pnum(n))
```

実行結果

```
Enter an integer n : 10000
完全数 [6, 28, 496, 8128]
```

このプログラムは n が巨大になると時間がかかります。偶数の完全数は，課題 4.11 のアルゴリズムを使えば高速に求まります。

【GPT】プログラム作成の依頼

完全数を定義に従って求める Python プログラムの高速版を作成してください。

4.2.2　不足数，過剰数を調べる（√）

自然数で，自分自身を含まない約数の和が，自分自身よりも小さければ不足数，等しければ完全数，大きければ過剰数です。ここで，1 は約数に含まれます。素数は不足数です。

例題 4.12

$n = 30$ までの自然数について，不足数，完全数，過剰数を調べるプログラムを作成する。

プログラム　apd_num.ipynb

```
 1: def sum_divisors(x):          # 約数の和を求める関数
 2:   list_divx = []
 3:   for i in range(1, x):       # 約数は 1 を含むが，自分自身は含まない。
 4:     if x % i == 0:
```

```
 5:       list_divx.append(i)
 6:   return sum(list_divx)
 7:
 8: n = int(input('Enter a natural number: '))
 9: print(' 自然数            約数の和')
10: for x in range(2, n+1):
11:   sumd = sum_divisors(x)
12:   if x > sumd:
13:     print(x, '  不足数 ', '\t', sumd)
14:   elif x == sumd:
15:     print(x, '  完全数 ', '\t', sumd)
16:   elif x < sumd:
17:     print(x, '  過剰数 ', '\t', sumd)
```

4.2.3　友愛数（amicable numbers）を求める（√）

友愛数とは，異なる二つの自然数 n_1, n_2 の組で，自分自身を除いた約数の和が互いに他方と等しくなるような数 n_1 と n_2 をいいます。ここで 1 は約数に含みます。

例題 4.13

友愛数を求めるプログラムを定義に従って作成する。友愛数の組をタプル (n1，n2) で求め，要素としてリストに収める。ここで n1 < n2 とする。

プログラム　amica_num.ipynb

```
 1: def sum_divisors(x):
 2:   list_divx = []
 3:   for i in range(1, x):
 4:     if x % i == 0:
 5:       list_divx.append(i)
 6:   return sum(list_divx)          # 引数の自分自身を除く約数の和を返す
 7:
 8: list_ampairs = []                # 友愛数のペアを要素として収めるリストの初期化
 9: limit = int(input('Enter a limit number: '))
10: for n1 in range(2, limit+1):     # 友愛数かどうかを limit まで順に調べていく
11:   n2 = sum_divisors(n1)          # n1 の約数の和を n2 に代入
12:   if n1 >= n2:                   # (n1, n2) は友愛数のペアにはなれない。
13:     continue
14:   if sum_divisors(n2) == n1:     # (n1, n2) は友愛数
15:     list_ampairs.append((n1, n2))
16: print(list_ampairs)
```

実行結果

```
Enter a limit number: 10000
[(220, 284), (1184, 1210), (2620, 2924), (5020, 5564), (6232, 6368)]
```

4.2.4　ルース＝アーロン・ペア（Ruth-Aaron pairs）を求める（√）

　ルース＝アーロン・ペアとは，二つの連続した自然数のそれぞれの素因数の和が互いに等しくなる組のことです。小さい順に列記すると (5, 6), (8, 9), (15, 16), (77, 78), (125, 126), (714, 715), (948, 949), (1330, 1331), (1520, 1521), . . . となります。

例題 4.14

　ルース＝アーロン・ペアを求めるプログラムを作成し，20000 以下では 26 組しか存在しないことを確かめる。プログラム作成では自然数を素因数分解する必要があるが，ここでは SymPy ライブラリの関数 factorint() を用いることにする。この関数は，素因数分解として，素数をキー，素数のベキ指数を値とする項目の辞書形式で返してくれる。

【ヒント】

　たとえば，2 つの連続した自然数を 1520, 1521 とすると

```
from sympy import factorint
print(factorint(1520))        # {2: 4, 5: 1, 19: 1} 素因数分解の辞書
print(factorint(1521))        # {3: 2, 13: 2}
```

それぞれの素因数の和は $2 \times 4 + 5 + 19 = 32$, $3 \times 2 + 13 \times 2 = 32$ であり，両者は等しくなります。

プログラム　ra_pair.ipynb

```
 1: from sympy import factorint
 2: n = int(input('Enter a natural number: '))
 3: i = 1
 4: for x in range(1, n):
 5:   dict1 = factorint(x)
 6:   dict2 = factorint(x+1)
 7:   sum1 = 0
 8:   for k, v in dict1.items():
 9:     sum1 += k * v              # 素因数の和。右辺は k**v ではない
10:   sum2 = 0
11:   for k, v in dict2.items():
12:     sum2 += k * v              # 素因数の和。右辺は k**v ではない
13:   if sum1 == sum2:
14:     print(' ルース＝アーロン・ペア:', i,  x, x + 1, sep = '\t' )
15:     i += 1
```

4.2.5　アルティン（Artin）予想を確かめる（√）

アルティンは，素数 p に対して逆数 $1/p$ を小数に展開した場合に，循環節の長さが $(p-1)$ の循環小数となる素数がどのくらいあるのかを予想しています。「アルティン予想」は，素数の数を増やしていくと，その素数が占める割合が 0.3739558... という数（アルティン定数）に収束していくというものです [46][47]。

例題 4.15

アルティン予想を，自然数 200 以下の素数が既知であるとして，確かめる。素数 p の逆数 $1/p$ は，1/2, 1/5 を除くと，循環小数である。循環小数において繰り返される数字の列を循環節（period）という。$1/p$ の循環小数について

(1) 循環節と循環節の長さを求める。

(2) 循環節の長さが $(p-1)$ となる素数列のリストと素数の数を求める。

(3) 循環節の長さが $(p-1)$ となる素数の数と 100 までの素数の全数の比を求める。

【ヒント】

たとえば，素数 17 について逆数 $1/17$ を小数で表すには 17 で割り続けるとよいが，コードを書いて求めてみます。

```
print(1/17)                          # 0.058823529411764705
from decimal import Decimal          # decimal モジュールのインポート
getcontext().prec = 40               # 有効数字 40 桁の指定
stringx = Decimal('1') / Decimal('17')
print(stringx)              # 0.05882352941176470588235294117647058823529
```

print(1/17) では，循環小数であることの確認はできませんが，decimal モジュールをインポートして有効数字 40 桁まで求めますと，0588235294117647 の長さ 16 で循環していることが読み取れます。decimal モジュールは，10 進の浮動小数点数の計算を正確に行いたい場合に使います。Decimal はモジュールに収められたクラスで，今の場合，指定した桁数で浮動小数点数を求めています。

$1/p$ の循環節を求めるには，1 を p で割って余りを p で次々に割っていき，商と余りを求めます。この手続きで余りが最初の余りに等しくなったときが次の循環が始まるときです。これが分かれば，循環節の長さと循環節を求めることができます。たとえば，

```
素数 prime: 7    prime-1: 6
商  quotients: length 7 [1, 4, 2, 8, 5, 7, 1]
余り  residues: length 7 [3, 2, 6, 4, 5, 1, 3]
  length of list_period: 6
  list_period [1, 4, 2, 8, 5, 7]
循環節の長さ length of period: 6
循環節 period: 142857
```

109

プログラム　Artin.ipynb

```
 1: primes =  [2, 3, 5, 7, 11, 13, 17, 19, 23, 29, 31, 37, 41, 43, 47, 53,
 2:            59, 61, 67, 71, 73, 79, 83, 89, 97, 101, 103, 107, 109,
 3:            113, 127, 131, 137, 139, 149, 151, 157, 163, 167, 173, 179,
 4:            181, 191, 193, 197, 199]
 5: print('the total number of primes: ', len(primes))        # 200 までの素数
 6: print()
 7: m = 10                                # 最初の被除数
 8: list_pm1 = []                         # 循環節の長さ p-1 をもつ素数列を収める
 9: for p in primes:
10:   listqs = []                         # 商のリスト
11:   listrs = []                         # 余りのリスト
12:   q, r = divmod(m, p)                 # 商, 余り= divmod(被除数, 除数), 除数 p 固定
13:   listqs.append(q)
14:   listrs.append(r)
15:   if r == 0:                          # 有限小数。分母の素数が 2, 5 は, 有限小数となる
16:     continue
17:   while True:
18:    r = r * 10
19:    q, r = divmod(r, p)
20:    listqs.append(q)
21:    listrs.append(r)
22:    if listrs[0] == r:
23:      break
24:   print('prime: ', p, '  prime-1: ', p - 1)
25:   print('quotients:  length', len(listqs), listqs )       # 商のリスト
26:   print(' residues:  length', len(listrs), listrs)        # 余りのリスト
27:   size = len(listrs) - 1
28:   print('length of list_period: ', size)
29:   print('list_period', listqs[0: size])
30:   list_period = [str(i) for i in listqs[0: size]]
31:   period = ''.join(list_period)                           # 循環節は, 数字列
32:   print('length of period: ', len(period))
33:   print('period: ', period)
34:   print()
35:   if len(period) == p - 1:
36:     list_pm1.append(p)
37:
38: print('list_pm1', list_pm1)
39: print('the number of primes with period p-1: ', len(list_pm1))
40: print('the total number of primes: ', len(primes))
41: print('rate: ', round(len(list_pm1)/len(primes), 4))
```

実行結果：(1) は省略して，(2), (3) について示す

```
list_pm1 [7, 17, 19, 23, 29, 47, 59, 61, 97, 109, 113, 131, 149, 167, 179, 181,
193]
the number of primes with period p-1: 17
the total number of primes: 46
rate: 0.3696
```

　循環節の長さが $(p-1)$ になる素数は list_pm1 に要素として収められて，その素数の個数は17で，アルティン予想の値（比）0.37 が得られています。

　この例題では自然数 200 以下の素数についてアルティン予想を確認しましたが，素数列のリストを関数で生成すれば，任意の自然数の範囲で調べることができます（課題 4.16）。

4.2.6　三角数（triangular numbers）を求める（√）

　三角数とは，点を正三角形の形に並べていったときの点の総数のことです。数列では，1, 3, 6, 10, 15, 21, 28, 36,... となります。n 番目の三角数は 1 から n までの自然数の総和 $\left(s = \frac{n(n+1)}{2}\right)$ に等しいことが分かります（図 4.1）。

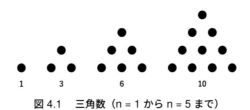

図 4.1　三角数（n = 1 から n = 5 まで）

例題 4.16

　パスカルの三角形（例題 2.8）の各段（行）の左端を 1 番として，左から 3 番目の数は三角数である。これを確かめるプログラムを作成する。

```
            1
          1   1
        1   2   1
      1   3   3   1
    1   4   6   4   1
```

図 4.2　パスカルの三角形（トップから 0 段から 4 段まで）

プログラム　trngl_num.ipynb

```
1: def pascal_triangle(N):
2:     from math import factorial as fact
3:     def C(n, r):                        #　n 個から r 個をとる組合せの関数の定義
```

111

```
 4:     return fact(n) // (fact(r)*fact(n-r))
 5:   for n in range(N+1):
 6:     list_C = [C(n, r) for r in range(n+1)]
 7:     if n == N:
 8:       print(n, ' 段', list_C)
 9:   return list_C
10:
11: N = int(input('Enter a max number of rows N: '))
12: list3 = []
13: for i in range(N+1):
14:   list_C = pascal_triangle(i)
15:   if i >= 2:
16:     list3.append(list_C[2])         # index は 0 から始まる
17: print(' 三角数のリスト', list3)
```

実行結果

```
Enter a max number of rows N: 6
0 段 [1]
1 段 [1, 1]
2 段 [1, 2, 1]
3 段 [1, 3, 3, 1]
4 段 [1, 4, 6, 4, 1]
5 段 [1, 5, 10, 10, 5, 1]
6 段 [1, 6, 15, 20, 15, 6, 1]
三角数のリスト [1, 3, 6, 10, 15]
```

課題 4.7

　元阪神タイガースのエース江夏 豊投手の背番号 28 は完全数であることを確かめる。任意の自然数 n をキー入力して，それが完全数かどうか，True/False を調べよ。数 n の自分自身を除くすべての約数を要素とするリストを求め，要素の和を求めるとよい。

課題 4.8

　リスト [6，28，496，8128] の要素が完全数であることを確認せよ。

課題 4.9

　完全数は，連続した自然数の総和で示される。たとえば，完全数 $6, 28, 496$ は，

$$1 + 2 + 3 = 6$$

$$1 + 2 + 3 + 4 + 5 + 6 + 7 = 28$$

$$1 + 2 + 3 + \ldots + 29 + 30 + 31 = 496$$

で表される。完全数を要素とするリストを [6，28，496，8128，33550336] として，完全数が連続した自然数の総和で示されることを確認せよ。なお，総和を求める最後の項の値を求めること。

課題 4.10

完全数は連続した自然数の総和で示されるが，リストの要素として，list_pnum = [6，28，496，8128，33550336] で与えられているとする。このとき，各完全数の連続した自然数の総和の最後の項である数 $3, 7, 31, 127, 8191$ はメルセンヌ素数であることを確かめよ。

課題 4.11

完全数とメルセンヌ素数との関係式から偶数の完全数を求めることができる。このプログラムを作成せよ。

【ヒント】

$2^n - 1$ が素数であるような（メルセンヌ素数の）正の整数 n に対して，$2^{n-1} \times (2^n - 1)$ は完全数となります。逆に，偶数の完全数は，2^{n-1} が素数であるような正の整数 n を用いて，$2^{n-1} \times (2^n - 1)$ という形で表されます。

課題 4.12

メルセンヌ数を 2 進数表記の文字列で表すと全ての桁の数字が 1 となる，すなわち，レピュニット（repunit）となることを確かめよ。

課題 4.13

次の数のペア (220, 284), (1184, 1210), (2620, 2924), (5020, 5564), (6232, 6368) は友愛数であるという。これを確かめよ。

課題 4.14

ルース＝アーロン・ペアを確認するプログラムを作成する。任意の自然数を代入して，連続する二数がルース＝アーロン・ペアかどうかを True/False で判定せよ。

課題 4.15

平方数（四角数）とは，整数の 2 乗で表される数である。平方数の約数（1 と自分自身を含む）をすべて求め，約数の個数が奇数であることを確かめよ。$n = 10$ までを試みる。

課題 4.16

アルティン予想を自然数 1000，10000，100000 までにある各素数列 168 個，1229 個，3617

個について確かめよ。素数列の生成には自作あるいは SymPy ライブラリの関数を使用する。素数の数が多いので，実行結果は，循環節の長さ $p-1$ を持つ素数 p の数と素数の全数，それらの比の出力でよい。

【ヒント】

　100000 では実行時間を要しますので，Sympy ライブラリの primerange() 関数を使っての高速化をはかるとよい。1000，10000，100000 までで，比はそれぞれ 0.3571，0.3800，0.3771 となります。

第5章

多様なアルゴリズムと
プログラミング

本章では，一般的なアルゴリズムとして，挟み撃ち法，二分法，貪欲法，動的計画法などを学び，個々の課題のプログラミングに取り組みます。動的計画法については，丁寧に分かりやすく説明しています。また，暗号や後置式への変換とスタック計算，逆アセンブル，ソートなどのプログラムを作成します。

アルゴリズムとプログラミングの関係は，アルゴリズムからプログラミングへのフィードフォワード（feedforward）だけでなく，フィードバック（feedback）もある相互作用する関係であることに留意してください。これでいけると思ったアルゴリズムをプログラムに変換して実行してみても，うまくいかないことに気づき，アルゴリズムに戻って考察しなければならないことが少なくないことを体験してください。

5.1　英文テキストの処理

　本節で扱うプログラミングは，英文テキストのデータ処理です。身近なテキストについて，文字や単語の出現頻度などを調べるプログラムを作成します。これらのプログラムと処理結果が何に使えるかを考えてください。

例題 5.1

　英文テキストについて，大文字と小文字を区別せず，単語の総数と個々の単語の出現頻度，キーを単語，値を頻度とする辞書をもつプログラムを作成する。なお，辞書を求めるまではモジュールファイルとする。英文テキストは，プログラム本体で与える。たとえば，マザーグース Mary had a little lamb の歌詞。実行結果は print あるいは pprint 出力とする。

【ヒント】

　英文テキストから句読点を除いて，どのように単語を取り出すかを考えます。ここにも，簡単な例ですが，課題解決には抽出するものと捨てるものの区別が必要となります。

モジュールファイル　ewdfreq.py

```
 1: # 前処理部の関数
 2: def lettersx(text):                    # テキストから ， と . を除き，小文字化
 3:     stringx = text.replace(',', '')
 4:     stringx = stringx.replace('.', '')
 5:     stringx = stringx.lower()
 6:     return stringx                     # 前処理済みのテキストを返す
 7: # 本処理部の関数
 8: def freq(text):
 9:     strx = lettersx(text)              # 前処理の関数にテキストを渡す。
10:     list_str = strx.split()
11:     uq_list = sorted(set(list_str))    # 単語はアルファベット順
12:     w_sum = 0
13:     dict_count = {}
14:     for word in uq_list:
15:         count_w = list_str.count(word)
16:         dict_count[word] = count_w             # キーを単語，値を頻度とする辞書
17:         w_sum += count_w                        #  総単語数
18:     return w_sum, len(uq_list), dict_count
```

　前処理部の関数では，テキストは小文字となっていますが，英単語を区切る空白は残しています。L10 では，各単語が空白で区切られた小文字テキストから単語を要素とするリストを取得しています。このリストでは，要素（単語）に重複がある可能性があります。そこで，L11 では，集合を使って，重複のないユニークな単語を要素とし，ASCII コードの昇順とするリストに変換しています。

　w_sum は sum(dict_count.values()) でも求まります。L18 の return 文で，戻り値として，総単語数と重複のない単語の数，キーを単語，値を頻度とする辞書を返します。

プログラム　eng_text.ipynb

```
 1: import ewdfreq                            # モジュールフィルのインポート
 2: text = '''Mary had a little lamb,
 3: Little lamb, little lamb,
 4: Mary had a little lamb,
 5: Its fleece was white as snow.'''          # テキスト入力
 6: print(' 改行文字の 3 個を含めるテキストの文字数：', len(text))
 7: total_words, diff_words, wd_fq_pairs = ewdfreq.freq(text)
 8: print('total words:', total_words)        # 総単語数
 9: print('different words:', diff_words)         # 異なった単語の数
10: print(wd_fq_pairs)          # キーを単語，値を頻度とする，アルファベット順の辞書
11: list_vid = sorted(wd_fq_pairs.items(), key = lambda x:
12:                   x[1], reverse = True)
13: print(dict(list_vid))       # 辞書の項目について，値の降順で出力
```

実行結果

```
改行文字の 3 個を含めるテキストの文字数：103
total words: 20
different words: 11
{'a': 2, 'as': 1, 'fleece': 1, 'had': 2, 'its': 1, 'lamb': 4, 'little': 4, 'mary'
: 2, 'snow': 1, 'was': 1, 'white': 1}
{'lamb': 4, 'little': 4, 'a': 2, 'had': 2, 'mary': 2, 'as': 1, 'fleece': 1, 'its'
: 1, 'snow': 1, 'was': 1, 'white': 1}
```

　関数をモジュールファイルに収めてしまえば，モジュールをインポートし，関数を呼び出して処理結果を得るだけでよく，関数内での処理の詳細は隠蔽されてしまうことになります（**抽象化，ブラックボックス化**）。さらに，本体のプログラムはフラット化され順序処理となります。

　長文の小説について単語の出現頻度を調べると，ジップの法則を確かめることができます [3]。

課題 5.1 ＊

　テキストにおける個々の単語の出現度数は，標準モジュール collections の Counter クラスを使うと，簡単に求めることができる。ただし，この場合にも，テキストは前処理として句読点を除き，各単語を区切る空白は残し，大文字と小文字を区別しないで，全文を小文字にしておく。テキストとして，例題 5.1 の Mary had a little lamb を使って，単語の出現度数を求めよ。

【ヒント】

　Counter は辞書クラス dict の派生（サブ）クラスで，リストやタプルを引数として渡すと，Counter オブジェクトを生成します。キーに要素，値に出現頻度という辞書形のデータを持ち，要素は出現頻度順に並びます。キーには重複は許されませんので，異なった単語がキーとなっています。

　オブジェクト指向プログラミングでは，派生クラスのオブジェクトは基底クラスのメソッドを呼び出すことができます。また，Python では，型とクラスは区別しませんから，辞書型は辞書

117

クラスでもあります。辞書クラスの派生クラスである Counter のオブジェクトは，基底クラスである辞書クラスのメソッドを呼び出すことができます。そこで，メソッド values() を用いて，すべての値（出現頻度）を取得します。

課題 5.2

　テキスト中の単語を別の単語で置換する。マザーグース Mary had a little lamb のテキストファイル mary_lamb.txt を読み込んで，Mary を Betty に，lamb を goat に置換するプログラムを作成せよ。ここで，それぞれの単語の置換した個数をカウントする。次に，置換した歌詞をファイル名 betty_goat.txt として書き込み，それをさらに読み込むプログラムとする。
【ヒント】
　単語の置換は，文字列のメソッド replace() を使えばよい。

```
文字列.replace(old, new)              # old を new で置換
```

old, new の文字列は引用符で囲むこと。単語の個数のカウントは，メソッド count() を用います。

```
文字列.count（探したい部分文字列）
```

探したい部分文字列を単語とします。

課題 5.3

　英語のアルファベットを構成する 26 字の出現頻度（letter frequency）をグラフ化するプログラムを作成せよ。英字 26 字は小文字で代表させる。
【ヒント】
　長大な英文テキストでの文字出現頻度表が Web サイトにあります [48]。これを基にして，頻度順に並べた CSV ファイル letter_freq_table.csv を作成します。この表は，第 1 列が順位（第 1 位から第 26 位まで），第 2 列が第 1 列に対応する英文字，第 3 列が % で表した文字出現の相対頻度（数，% の記号は不要）とします。この相対頻度を英文字がテキスト中で出現する統計的確率とみなします。元の調査データにより頻度順に多少の変動がありますが，第 1 順位には変わりありません。
　グラフは x 軸のラベルは頻度順の英文字，y 軸は相対頻度（%）とする棒グラフとします。コードは plt.bar(c, y, tick_label = c)。ここで，c は頻度順の英字の配列，y は相対頻度の配列です。
　英文テキストにおいては，文字 e の出現頻度が断トツであることが分かりますから，暗号文の「単文字頻度解析」で断トツの文字を見出せば，シーザー暗号であれば e からのシフト数を推測できることになります。

課題 5.4

　英語の単語は，1 文字，2 文字，... n 文字で作られている。単語の使用頻度の順位表で第 1 位から 1000 位までに含まれる単語を，文字数ごとに分類して要素としてリストに収めるプログラムを作成せよ。処理結果は，1 文字単語，2 文字単語，... n 文字単語のリストとして出力する。

　単語の頻度表データとしては Wiktionary の frequency lists にある最初の 1000 語を用いる [49]。Wiktionary のデータを Excel で読み込み，CSV-UTF8（コンマ区切り）で CSV ファイル eng_freq_wiki1.csv として保存する。

【ヒント】

　Wiktionary のデータの読み込み方法については，付録 A.12 を参照してください。最初の 1000 語ですから，最大 $n = 15$ 文字までの単語があるとしてプログラムを作るとよい。

　他の英単語リストについても同様に調べることができます。たとえば，日本には大学英語教育学会による「新 JACET8000 英単語」というリストがあります [50]。これにより日英での基本英単語 1000 語の違いを知ることができます。

5.2　シーザー暗号（Caesar cipher）

　シーザー暗号は，英文字をシフト演算により暗号化する単一換字式暗号の一種です [3]。暗号化では，平文の英字一文字をアルファベット上で整数 k シフトして，そこにある英字一文字に置き換えます。復号は $-k$ シフトすることで元の英字一文字に置き換えます。英文字以外はシフトせず，そのままです。文字を整数 k シフトさせる演算は数での扱いですから，英文字を数（ASCII コード）に変換してこれに $\pm k$ して，次に数を文字に変換して換字を得ることになります。英語では，ASCII コード表に文字が数に符号化されていますので，暗号化・復号には文字を数に変換する組み込み関数 ord(英文字) とそれを逆変換する char(ASCII コード) を用いることができます。

例題 5.2

　シーザー暗号を ROT13 で作成する。ROT13 とは，平文の英字一文字を 13 シフトして暗号化する暗号である。

プログラム　caesar_rot13.ipynb

```
 1: def rot13_f(c):                              # k = 13 で，固定
 2:   if ('A' <= c <= 'M') or ('a' <= c <= 'm'): # 条件を満たす英文字ならば
 3:     return chr(ord(c) + 13)                  # 換字を返す
 4:   if ('N' <= c <= 'Z') or ('n' <= c <= 'z'): # 条件を満たす英文字ならば
 5:     return chr(ord(c) - 13)                  # 換字を返す
 6:   return c                                   # 英文字でないので，そのまま返す
 7:
 8: def encipher(text):
 9:   list_c = [rot13_f(c) for c in text]        # リストの内包表記
10:   print(list_c)                             # 換字と非英字を要素とするリスト
```

```
11:    return ''.join(list_c)              # リストの文字を直結して暗号文を返す
12:
13: text = input('Enter a text: ')
14: print(encipher(text))
```

実行結果の一例

```
Enter a text: Hello, world
Uryyb, jbeyq
```

L2〜L5 の換字の手続きでは，英文字のアルファベットで大文字と小文字のそれぞれについて計 26 文字を前半の 13 文字と後半の 13 文字に分けて，$k = 13$ の場合のみに有効なシフト演算をしています。L9 は，リストの内包表記で，文字列から 1 文字（character）ずつ取り出して，英字（letter）は関数 rot13_f(c) で換字に変換してリストの要素としています。L11 は，リストの要素を直結して暗号文を返しています。

ROT13 なら標準モジュールの codecs の encode() 関数を使うのがいちばん簡単です。第 1 引数にテキストを渡し，第 2 引数は，encoding = 'rot13' とします。上の平文では

```
import codecs
ciphertext = codecs.encode('Hello, world', encoding = 'rot13')
ciphertext2 = codecs.encode(ciphertext, encoding = 'rot13')
print(ciphertext)            # Uryyb, jbeyq
print(ciphertext2)           # Hello, world
```

ROT13 で暗号化した暗号文を ROT13 で暗号化すると，復号されて元の平文に戻ります。なお，'rot13' 以外の，たとえば，'rot9' などで，暗号化はできません。

ROT13 は特殊なケースですので，一般的なシーザー暗号のプログラムを次の課題で作成します [3]。ある文字を別の文字に計算式に基づいて換字するためには，文字を数に変換する，あるいは逆変換する必要があります。たとえば，英小文字列（'abcdefghijklmnopqrstuvwxyz'）の文字列定数は string.ascii_lowercase で与えられますので，文字と文字列のインデックス（0 から 25 の数）を対応させることができます。

【CS】暗号化と復号の定式化：合同式による表現

暗号理論では，整数論の**合同（congruence）**という考え方が広く使われています [3]。すなわち，二つの整数 a, b が法 m に関して合同であるとは，a を m で割った余りが，b を m で割った余りと等しいことで，これを

$$a \equiv b \quad \bmod m$$

と表します。この式を**合同式**といい，「a 合同 b モッド m」と読みます。**mod** とは modulus の略で，**法**と訳されています。法とはやさしくいえば，除数，割る数のことです。

シーザー暗号の暗号の一般的な取り扱いは，英文字を数に変換して，次の合同式に基づいてな

されます。

$$y \equiv x + b \quad \mod m$$

ここで，x は平文の 1 文字に対応する数であり，b はシフト数（鍵の数 k），y は暗号化したときの数，m は 26 です。上式の右辺を m で割って，余りを y とし，この y を文字に対応させれば換字が得られることになります。たとえば，文字 ′t′（インデックス 19）で，b を 9 とすれば，上式の右辺を m で割れば，余りは 2 で換字 ′c′ が得られます。′t′ を 9 右にシフトすれば，確かに ′c′ が得られます。復号は，次式に基づいてなされます。

$$x \equiv y - b \quad \mod m$$

たとえば，文字 ′c′（インデックス 2）で，上式の右辺 m で割った余りが 19 $(2 - 9 = -26 * 1 + 19)$ となり，換字 ′t′ が得られます。′c′ を左に 9 シフトすれば確かに ′t′ が得られます。

課題 5.5

　英語テキストを選んでファイルから読み込み，これをシーザー暗号で暗号化し，暗号文をテキストファイルに書き込むプログラムを作成せよ。大文字と小文字を区別すること。さらに，暗号文を復号せよ。

5.3　アフィン暗号（affine cipher）

　本節では，共通鍵が二つのやや複雑な単一換字式暗号である**アフィン暗号（affine cipher）**について，英語アルファベットを用いた英文の暗号化と復号の方法を説明します。アフィン暗号の暗号化では，次の合同式に基づいて，ある文字の数 x を換字の数 y に変換します。

$$y \equiv ax + b \quad \mod m$$

ここで，a, b は鍵，m は法です。a は，a と m が互いに素，つまり a と m の最大公約数 gcd(a, m) が 1 であるように選ぶ必要があります（3.2 節）。たとえば，a, b, m がそれぞれ 5, 13, 26 だとしますと，文字 ′w′ のインデックスは 22 ですから，上式の右辺を m で割って余りを求め，換字のインデックスを求めると 19 になりますので，文字は ′t′ となります。復号は，次の合同式に基づいて行われます。

$$x \equiv (1/a)(y - b) \quad \mod m$$

ここで $(1/a)$ は，a の逆数ではなくて，a のモジュラ逆数（modular multiplicative inverse of a modulo）を表します。すなわち，a のモジュラ逆数は，

$$a\left(\frac{1}{a}\right) \equiv 1 \quad \mod m$$

を満たす $(1/a)$ です。a, b, m がそれぞれ 5, 13, 26 の場合，a のモジュラ逆数は 21 となります。文字 ′t′ のインデックスは 19 で，換字のインデックスを求めると 22 になりますので，文字は ′w′ となります。これを確かめてください。

例題 5.3 ＊

アフィン暗号の暗号文を作成する。たとえば, a, b, m がそれぞれ 5, 13, 26 で, $y \equiv 5x + 13 \quad \mod 26$, 平文を 'Hello, world' とする。

プログラム　affine_c.ipynb

```
 1: from string import ascii_uppercase as Upper
 2: from string import ascii_lowercase as Lower
 3:
 4: def affine_cipher(plain_text, a, b, m):
 5:   ciphered_text = ''
 6:   for c in plain_text:
 7:     if c in Upper:                      # 大文字の場合
 8:       index_U = Upper.index(c)
 9:       n_index = (a*index_U + b) % m      # ax + b  mod m。剰余計算
10:       n_letter = Upper[n_index]          # 文字に変換
11:       ciphered_text += n_letter
12:     elif c in Lower:                     # 小文字の場合
13:       index_L = Lower.index(c)
14:       n_index = (a*index_L + b) % m      # ax + b  mod m。剰余計算
15:       n_letter = Lower[n_index]          # 文字に変換
16:       ciphered_text += n_letter
17:     else:                                # 文字 (letter) 以外の場合
18:       ciphered_text += c
19:   return ciphered_text
20:
21: # メイン部
22: plain_text = input('Enter a plain text: ')    # 平文
23: a, b, m = 5, 13, 26                           # y ≡ ax + b
24: print('a:', a, ' b:', b, ' m:', m,)
25: print('the ciphered text: ', affine_cipher(plain_text, a, b, m)) # 暗号文
```

実行結果

```
Enter a plain text: Hello, world
a: 5   b: 13   m: 26
the ciphered text: Whqqf, tfuqc
```

例題 5.4 ＊

アフィン暗号を復号する。たとえば, a, b, m がそれぞれ 5, 13, 26 で, 暗号文 Whqqf, tfuqc を復号する。

$$x \equiv (1/5)(y-13) \quad \mod 26$$

ここで $(1/5)$ は, 5 のモジュラ逆数。

プログラム　affine_dec.ipynb

```python
 1: from string import ascii_uppercase as Upper
 2: from string import ascii_lowercase as Lower
 3: import math
 4:
 5: def mod_inverse(a, m):                          # a のモジュラ逆数を求める関数
 6:   try:
 7:     if math.gcd(a, m) != 1:         # a, m の最大公約数を求める関数 gcd(a, m)
 8:       raise ValueError
 9:   except ValueError:
10:     print('ValueError: a と m　が互いに素ではありません。復号できません。')
11:   else:
12:     a = a % m
13:     for i in range(1, m):
14:       if (a * i) % m == 1:
15:         minv_a = i
16:         print('a:', a, ' modular inverse_a:', minv_a, ' modulus:', m)
17:         return minv_a                           #  a のモジュラ逆数 minv_a
18:     return None
19:
20: def affine_decipher(ciphered_text, a, b, m):    # アフィン暗号を復号する関数
21:   deciphered_text = ''
22:   minv_a = mod_inverse(a, m)                       # a のモジュラ逆数 minv_a
23:   for c in ciphered_text:
24:     if minv_a == None:
25:       break
26:     if c in Upper:
27:       index_U = Upper.index(c)
28:       n_index = minv_a*(index_U - b) % m          # x ≡ (1/a)(y -- b)  mod m
29:       n_letter = Upper[n_index]
30:       deciphered_text += n_letter
31:     elif c in Lower:
32:       index_L = Lower.index(c)
33:       n_index = minv_a*(index_L - b) % m          # x ≡ (1/a)(y -- b)  mod m
34:       n_letter = Lower[n_index]
35:       deciphered_text += n_letter
36:     else:
37:       deciphered_text += c
38:   return deciphered_text
39:
40: # メイン部
41: ciphered_text = input('Enter a ciphered text: ')     # 暗号文
42: a, b, m = 5, 13, 26                                  # y ≡ ax + b
43: print('a:', a, ' b:', b, ' m:', m,)
44: print('the plain text: ', affine_decipher(ciphered_text, a, b, m))  # 復号
```

123

実行結果

```
Enter a ciphered text: Whqqf, tfuqc
a: 5    b: 13    m: 26
a: 5    modular inverse_a: 21    modulus: 26
the plain text: Hello, world
```

L5〜L18 の関数 mod_inverse(a, m) は a のモジュラ逆数 minv_a を求める補助的な関数で、L20〜L38 の関数 affine_decipher() がアフィン暗号を復号する本処理の関数です。

5.4　数値計算

5.4.1　挟み撃ち法

　挟み撃ち法は、円周率を求めるアルキメデスの方法に見られたように（3.3 節）、真値あるいは収束値の探索で、それらの存在する範囲（下限値と上限値）を定めて、挟み撃ちで存在範囲を狭めていって、真値あるいは収束値を求める一般的な方法です。探索での**二分探索（bibary search）**や後述の数値計算での**二分法（bisection method）**は、挟み撃ち法の例です。二分法による数値計算に入る前に、一般的な挟み撃ち法のプログラムを作成しておきます [51]。

【NB】挟み撃ち法の起源と計算論的思考（CT）

　挟み撃ち法のアルゴリズムの基本的な考え方は、獲物（ターゲット）を捕まえるときに、獲物をある範囲に追い込み、それを徐々に狭めていくという、太古の昔から行われてきている猟や漁のアイデアを計算に適用したものであることに気づきます。この挟み撃ち法のアルゴリズムは、CT が 4500 年以上前の太古の起源から現在の高度に発達した専門的な状態へと進化したこと [4] の一例を示すものといえるでしょう。

例題 5.5

　挑戦者が秘密の数を適当な範囲の自然数の中から何回かの試行で当てる、簡単な「数あてゲーム」を挟み撃ち法で作る。

　【ヒント】

(1) 秘密の数が存在する数の範囲、下限（最小）値と上限 (最大) 値、および探索の試行回数を決めます。これを挑戦者に知らせます。

(2) 推測で当ててもらいたい秘密の数を、数の範囲の中からランダムに定めます。

(3) 挑戦者が「挟み撃ち法」で秘密の数を当てることができる、あるいは試行回数の上限に達しゲームオーバーとなる試行の繰り返しに while 節を使います。

プログラム　pincer.ipynb

```
 1: import random
 2: def num_game(num, ans, times, count):
 3:   while count <= times:                  # 試行の繰り返し
 4:     if num == ans:                        # 正解（的中）
 5:       return num, True
 6:     elif num > ans:                       # 正解 > 回答
 7:       print('Pick a larger number')       # より大きな数を選ぶ
 8:     elif num < ans:                       # 正解 < 回答
 9:       print('Pick a smaller number')      # より小さな数を選ぶ
10:     if count < times:                     # 回答の回数 < 試行回数の上限
11:       ans = int(input('Enter another number by guess: '))
12:       count += 1
13:       print('count', count)
14:       continue
15:     else:
16:       return num, False
17:
18: #random.seed(110)
19: min, max, times = 10, 50, 4               # 最小値, 最大値, 試行回数の上限
20: num = random.randint(min, max)
21: #print('# The secret correct number is', num)
22: print('Pick a number between', min, 'and', max, '\n')
23: print('Your trial tims are', times)
24: ans = int(input('Enter a number by guess: '))
25: count = 1
26: print('count', count)
27: n, flag = num_game(num, ans, times, count)
28: if flag == True:
29:   print('It is correct. The secret number is', n)
30: else:
31:   print('The game is over due to the count_limit')
32:   print('The secret number is', n)
```

実行は各自が試みてください。L19 は，次のコードで入力するようにしてもよい。

```
min, max, times = map(int, input('Enter digits with a spce: ').split())
```

例題 5.6

　二分法の挟み撃ちで正数 n の平方根 $\sqrt{n}$ を逐次近似で求める。正の整数 L（下限値）と H（上限値）を，$L^2 < n < H^2$ となるように選ぶと L^2, H^2 の平方根はそれぞれ L, H である。つまり，$\sqrt{n}$ が，$L < \sqrt{n} < H$ にあることを想定している。そうすると，下限値と上限値を二分する $M = (L + H)/2$ を求めると，M を新しい下限値 L，あるいは新しい上限値 H に選ぶことができて，$\sqrt{n}$ の存在範囲を狭めることができる。これを逐次繰り返せば，$\sqrt{n}$ のより良い近似値が得られであろうという考え方である。逐次近似を収束させる条件を定め，これをプログラムする。

【ヒント】

　新しい L と H は，次のようにして定めます。図を描くと分かりやすい。二分法の繰り返しでは

- $M < \sqrt{n}$, i.e., $M^2 < n$ ならば，M を新しい L として存在範囲を狭めて，近似を繰り返します。
- $M = \sqrt{n}$, i.e., $M^2 = n$ ならば，M は $\sqrt{n}$ ですから，近似を終了させます。
- $M > \sqrt{n}$, i.e., $M^2 > n$ ならば，M を新しい H として存在範囲を狭めて，近似を繰り返します。

たとえば，L, n, H をそれぞれ $4, 21.7, 5$ とし，逐次近似の収束条件を $M^2 - n < \epsilon$ とします。ϵ は定数で 1.0×10 の -8 乗とします。繰り返しには while 節を使います。

プログラム　bisection_sqrt.ipynb

```
 1: def sqroot(L, n, H, EPS):
 2:    while True:              # 二分法による挟み撃ちの繰り返し
 3:      M = (L + H) / 2        # 下限値と上限値の和を二分する
 4:      if M * M == n:         # M = √ n
 5:        break
 6:      elif M * M > n:
 7:        H = M                # 新しい上限値
 8:      elif M * M < n:
 9:        L = M                # 新しい下限値
10:      if abs(M * M - n) < EPS:
11:        break                # 近似の収束。繰り返しを終了させる。
12:      else:
13:        continue             # 近似の継続
14:    return M                 # n の平方根の近似値
15:
16: EPS = 1.0e-8                # 収束定数
17: L, n, H = map(float, input('Enter digits L, n, and H with a spce: ').split())
18: print('squre_root by bisection method:', sqroot(L, n, H, EPS))
19: import math
20: print('      squre_root by math module:', math.sqrt(n))
```

5.4.2　二分法により方程式の解を求める

　二分法（bisection method）により，$f(x) = 0$ の解を求めます。$y = f(x)$ のグラフを描けば，$f(x) = 0$ の実数解の大体の値が分かりますが，この値の精度の高い近似値を求めることを考えます。二分法は，例題 5.6 で見たように，解の探索範囲をそれ以前よりもいつも $1/2$ 狭めて，逐次に近似解を求める方法です。

　連続な関数 $f(x)$ が x 軸を横切る場合に，解の探索範囲を区間 $[a, b]$ としますと，次のようにして下限値 a，上限値 b を定めることができます（図 5.1 (i), (ii)）。

(1) 右肩上がりの関数 $f(x)$ では $f(a) < 0$, $f(b) > 0$ を満たすように変数 a と b を選びます

（図 5.1 (i)）。右肩下がりの関数 $f(x)$ では $f(a) > 0$, $f(b) < 0$ を満たすように変数 a と b を選びます。いずれの場合でも，左端が a で，右端が b となります。

(2) 区間 $[a, b]$ を 2 等分する $c = (a + b)/2$ での $f(c)$ を求めます（図 5.1 (i)，図 5.1 (ii)）。

(3) $f(c) \times f(b) < 0$ ならば，c を新たな下限値 a とします（図 5.1 (i)）。$f(c) \times f(b) > 0$ ならば，c を新たな上限値 b とします（図 5.1 (ii)）。これにより，解の探索範囲が $1/2$ に狭まることになります。ここで，c を近似解と見なすことにします。$f(c) \times f(b)$ の積の正負で場合分けしているのは，関数 $f(x)$ が右肩上がりでも右肩下がりでも通用するプログラムとするためです。

(4) 上の手順を繰り返して，解の探索範囲を逐次に狭めていって，近似の精度を高め，収束条件を満たす近似解を得ます。繰り返しには while 節を使います。

このようにコンピューターによる数値計算は，具体的な数値を使って四則演算して解を求めていきます。

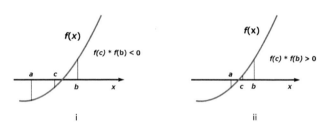

図 5.1　　$y = f(x)$ の解を求める二分法

例題 5.7

二分法を用いて超越方程式の近似解を求める。

$$x^2 - \cos 3x = 0$$

ここで，角度はラジアン（radian）である。

まず，$y = x^2 - \cos 3x$ のグラフを描き，解の個数と大体の値という概要を掴み，それから詳しい計算に入ります。ここには**概要から詳細へ**という発想が使われています。

プログラム　graph_eq.ipynb

```
 1: # y= x^2 -- cos3x のグラフを描くプログラム
 2: import numpy as np
 3: import matplotlib.pyplot as plt
 4: x = np.linspace(-1, 1, 100)          # 配列
 5: y = x*x - np.cos(3*x)                 # 配列
 6: plt.xlim(-1, 1)
 7: plt.ylim(-2, 2)
 8: plt.axhline(0, c = 'k')              # x 軸，色は黒
 9: plt.axvline(0, c = 'k')              # y 軸，色は黒
10: plt.grid()
11: plt.plot(x, y, lw = 3)              # 線の太さは任意
```

```
12: plt.show()
```

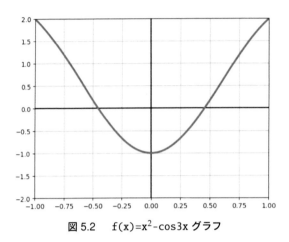

図 5.2　　f(x)=x²-cos3x グラフ

図 5.2 から，解の個数と大体の数値解，解の探索範囲を読み取ります。

(1) 探索範囲 $[a, b]$ の初期値を $a = 0.0, b = 1.0$ とします。

(2) c は，$(a + b)$ を 2 等分した値とします。$c = \frac{(a+b)}{2} = 0.5$

(3) 新しい下限値 $a \leftarrow c$，あるいは新しい上限値 $b \leftarrow c$

(4) 近似解 c の収束の判定条件は，$\epsilon = 1.0 \times 10$ の -8 乗として，$|f(c)| < \epsilon$，および $|a - b| < \epsilon$ とします。どちらかを満たせば，逐次近似は収束したとみなします。$|f(c)| < \epsilon$ の条件は，a，b の選び方により，必要となる場合があります。

　関数 $f(x)$ を定義して呼び出すことにします。実行結果には，収束解だけでなく，収束するまでの近似の途中の様子も出力することにします。

プログラム　find_sol_bisect.ipynb

```
 1: import numpy as np
 2: def f(x):                           # 関数の定義
 3:   return x *x - np.cos(3*x)
 4: eps = 1.0E-8                        # 指数表記は E-8，e-8 のどちらでも可
 5: a = float(input('Enter a : '))     # 下限値
 6: b = float(input('Enter b : '))     # 上限値
 7: i = 1
 8: while True:                        # 繰り返し
 9:   c = (a + b) / 2.
10:     if abs(f(c)) < eps:            # 繰り返しの終了
11:         break
12:   elif f(c) * f(b) < 0:
13:     a = c                          # 下限値を更新
14:   else:
```

```
15:    b = c                        # 上限値を更新
16:    print(' 第', i, ' 近似値', c)
17:    i += 1
18:    if abs(a - b) < eps:
19:      break
20: print(' 近似解', c)
```

実行結果

```
Enter a : 0
Enter b : 1
第 1 近似値 0.5
第 2 近似値 0.25
.
.
第 26 近似値 0.4543035179376602
第 27 近似値 0.4543035104870796
近似解 0.4543035104870796
```

　二分法では近似が収束するまでに，繰り返しがかなりの回数となることが分かります。ところで，$f(x) = x^2 - \cos 3x$ は，偶関数ですから $f(x) = 0$ の実数解は，上の近似解と y 軸対称の位置にもう一つあることに注意してください。その近似解は 0.4543035104870796 となります。

　一般に二分法では，関数 $f(x)$ のグラフを描いて，適切な探索範囲を選んで近似を進めないと近似が遅くなったり，他の実数解の存在を見落としたりすることがあります。

　ライブラリ SciPy にある二分法の関数 bisect() を使うプログラムを参考のため記します。

プログラム　bisect_scipy.ipynb

```
1: import numpy as np
2: from scipy.optimize import bisect       # モジュールのインポート
3: def f(x):
4:   return  x *x - np.cos(3*x)
5: a, b = 0, 1
6: x = bisect(f, a, b)                      # 関数を呼び出す。f は関数名
7: print(x)                                 # 0.45430351005234115
```

課題 5.6

　定積分

$$\int_0^1 \frac{dx}{1 + x^2}$$

を区分求積法で求める。この定積分を解析的な方法で求めると $\pi/4$ となる。数値計算で求めた定積分値を 4 倍して円周率の近似値を求めよ。

【ヒント】

　区分求積法では，まず関数 $f(x) = \frac{1}{1+x^2}$ のグラフを描いて積分範囲を確認します。

課題 5.7

二分法とニュートン法 [3] により, $x^2 - \pi = 0$ の解, すなわち π の平方根を求めよ。$y = x^2 - \pi$ のグラフも描け。円周率 π の値は, NumPy をインポートして np.pi により確認する。二分法とニュートン法ではどちらが収束が速く, 精度が良かったか?

課題 5.8

二分法とニュートン法により, $x^3 - 2x^2 - x + 2 = 0$ の実数解を求めよ。

二分法やニュートン法は, 数値的に方程式の実数解を求める方法です。これにより, 解析的に解を求めることが難しい高次方程式や超越方程式などの非線形の方程式の解を求めることができます。

5.5　数式の後置記法への変換とスタック計算

後置記法の四則演算の数式は後入れ先出しのデータ構造をもつスタックを用いて計算することができます。スタック計算を行うためには, 通常の数学では中置記法を使っていますので, まず数式を中置記法から後置記法へ変換しなければなりません。中置記法から後置記法への変換では, 演算子の強弱による演算の優先順位を考える必要があります [3]。

例題 5.8
中置記法の括弧 () のない数式を後置記法（逆ポーランド記法, RPN）の数式に変換する。数式の文字列要素は 1 個の半角の空白で区切られているとする。

(1) '10 * 3.5 + 40 / 2.5'
(2) '4 * 2.5 - 6. + 3 + 10 / 2.5 * 3 - 5 * 6.2'

プログラム　infix_rpn.ipynb

```
1: import infix_to_rpn                    # モジュールファイルのインポート
2: infix = input(' 中置記法の数式を入力してください：') # 数式の入力, 引用符の対は不要
3: infix_list = infix.split()
4: print('infix_list', infix_list)
5: rpn_queue = infix_to_rpn.infix_to_rpn(infix_list)
6: print('rpn_queue：', rpn_queue)
7: print(' 後置記法の数式：', ' '.join(rpn_queue))
```

モジュールファイル　infix_to_rpn.py

```
 1: def comp(b, a, op_stack, rpn_queue):          # 二つの演算子の強弱の比較の関数
 2:   if b+a in ['+*', '+/', '-*', '-/']:          # 二つの演算子の並びが WS ならば
 3:     op_stack.append(b)                          # 演算子スタックへ append
 4:     op_stack.append(a)
 5:   else:
 6:     rpn_queue.append(b)                         # RPN キューへ append
 7:     op_stack.append(a)                          # 演算子スタックに留め置く
 8:     print('rpn', rpn_queue)
 9:     print('op_stack', op_stack)
10:   return op_stack, rpn_queue
11: # 中置式の要素を要素とするリストから後置式の要素を要素とするリストへ変換する関数
12: def infix_to_rpn(infix_list):
13:   rpn_queue = []
14:   op_stack = []
15:   for i in infix_list:                          # 中置式のリストから要素を取り出す
16:     if i in '+-*/':                             # i が演算子であれば
17:       op_stack.append(i)
18:       print('op_stack', op_stack)
19:       if len(op_stack) >= 2:
20:         a = op_stack.pop()                       # 演算子スタック。演算子は後入れ先出
21:         b = op_stack.pop()
22:         comp(b, a, op_stack, rpn_queue)
23:         if len(op_stack) == 2:
24:           a = op_stack.pop()
25:           b = op_stack.pop()
26:           comp(b, a, op_stack, rpn_queue)
27:     else:                                       # i が数字であれば
28:       rpn_queue.append(i)
29:       print('rpn', rpn_queue)
30:   print(' 演算子スタックに残った演算子は', op_stack)
31:   if len(op_stack) == 2:                         # 残った 2 個の演算子の処理
32:     rpn_queue.append(op_stack.pop())
33:     rpn_queue.append(op_stack.pop())
34:   elif len(op_stack) == 1:                       # 残った 1 個の演算子の処理
35:     rpn_queue.append(op_stack.pop())
36:   return rpn_queue                              # 後置式の要素のリスト
```

【Prg】dis モジュールを使う中置記法から後置記法へ変換とスタック計算

　中置記法から後置記法（RPN）へ変換するプログラムを作成することは容易ではありませんが，標準モジュール dis の関数 dis() を使えば，後置記法の式を簡単に得ることできます[52]。dis モジュールは Python のバイトコードの逆アセンブラ（disassembler）というものです。

　アセンブル（assembly）は，低水準言語であるアセンブリ言語（assembler）で記述されたソースコード（アセンブラ命令）を機械語のコード（Python では正確にはバイトコードと呼ばれる中間言語コード）に変換することです。この逆変換であるバイトコードのアセンブラ命令への変換を逆アセンブル（disassembly）といい，逆変換する働きをするモジュールを逆アセンブ

ラと呼んでいます。

　では早速，中置記法から後置記法へ変換してみましょう。dis() 関数を呼び出すことで，中置記法の数式（文字列）の逆アセンブルを示すことができます。ここで，dis() の引数は，中置記法の数式（' 'で囲まれた文字式）となります。数式の中では数字は英文字でなければなりません。

　　例：中置記法の数式 '（ a + b ）＊（ c - d ）' の後置記法への変換

```
import dis                           # dis モジュールのインポート
dis.dis('( a + b ) * ( c - d )')     # dis() 関数を呼び出す。数式は引用符で囲む
```

実行結果

```
1          0 LOAD_NAME            0 (a)
           2 LOAD_NAME            1 (b)
           4 BINARY_ADD
           6 LOAD_NAME            2 (c)
           8 LOAD_NAME            3 (d)
          10 BINARY_SUBTRACT
          12 BINARY_MULTIPLY
          14 RETURN_VALUE
```

中置記法の数式に () があっても，括弧を正しく外して後置式に変換してくれます。dis() 関数はバイトコードを逆アセンブルして人間が読めるフォーマットのニーモニック（mnemonic）なアセンブラ命令を出力します。バイトコードは**スタックマシン**で実行されますので，ソースコードは**後置記法**に基づいて記述されています。このソースコードを上から順番に素直に読んでいけば，後置式が簡単に得られます。すなわち，今の場合には，'a b + c d - *' となります。

　中置記法の数式の計算は，dis() 関数を使って逆アセンブルし，後置記法に変換して行うことができます。このとき dis() の引数には，数字と算術演算子で表された中置式を渡します。

　　例：中置記法の数式 '(2 + 3) * (4 - 5)' の計算

```
import dis
dis.dis('(2 + 3) * (4 - 5)')         # 数式は引用符で囲む
```

実行結果

```
1          0 LOAD_CONST           0 (-5)
           2 RETURN_VALUE
```

例題 5.9
次の中置記法の数式を逆アセンブルして後置式を求める。

$'a \;/\; (b - c) + d'$

プログラム disasmbl.ipynb

```
1: import dis                        # dis モジュールのインポート
2: dis.dis('a / ( b - c ) + d')      # dis() を呼び出す
```

実行結果

```
1           0 LOAD_NAME              0 (a)
            2 LOAD_NAME              1 (b)
            4 LOAD_NAME              2 (c)
            6 BINARY_SUBTRACT
            8 BINARY_TRUE_DIVIDE
           10 LOAD_NAME              3 (d)
           12 BINARY_ADD
           14 RETURN_VALUE
```

このソースコードを読むことにより，後置式 'a b c - / d +' を得ることができます。
dis() 関数を使って，中置記法の数式の具体例 '2 / (3 - 4) + 5' を計算すると，

```
import dis
dis.dis('2 / (3 - 4) + 5')
```

実行結果

```
1           0 LOAD_CONST             0 (3.0)
            2 RETURN_VALUE
```

課題 5.9 ✲

中置記法の括弧 () のある数式 '(a + b) ＊ (c － d)' を後置記法の数式に変換する手順を表にする。表 5.1 の空所①から⑦を埋めて表を完成させよ。操作欄の空白には指示を入れる。ここで 'a'，'b'，'c'，'d' はオペランドで，数字を表す。中置記法の数式では，実際には括弧 ( ) が多重で使われることが多いので，中置記法の括弧が入る数式を，括弧のない後置記法の数式へ変換しなければならない。この課題では括弧を外す変換について考える。

表中では煩雑さを避けて，リストの要素を囲む大括弧の対 [ ]，各文字列要素に引用符の対 "，要素を区別する , を省略していることに注意。

【ヒント】

括弧（と）は，演算子とみなして演算子スタック op_stack に push します。変換の過程で演算子が () で囲まれた場合には，最優先の処理となり括弧を取り去ります。() で囲まれた演算子が 1 個の場合には直ちに rpn_queue に push します。() で囲まれた演算子が 2 個の場合は「弱強」のときで「強」演算子を先に，「弱」演算子を後に rpn_queue に push します。

表 5.1　数式の中置記法から後置記法への変換：infix = '(a + b) * (c - d)'
List_infix = ['(', 'a', '+', 'b', ')', '*', '(', 'c', '-', 'd', ')']

rpn_queue	op_stack	操作
	(	(をop_stackへpush
a		a をrpn_queへpush
	①	
a b		b をrpn_queへpush
	(+)	) をpush。
②		) と (はpopで取り去る
	*	* をop_stackへpush
	③	
a b + c		c をrpn_queへpush
	④	
⑤		d をrpn_queへpush
	* (-)	) をpush。
⑥		) と (はpopで取り去る
	⑦	残りの演算子
a b + c d - *		最終の rpn_queue が得られた。

課題 5.10 ＊

　中置記法の数式 '((a + (b * (c - d))) / e)' を後置記法の数式に変換する手順を表にせよ。ここで， a, b, c, d , e はオペランドで，数字を表す。

【ヒント】

　後置記法の数式は 'a b c d - * + e /' となります。

課題 5.11 ＊

　中置記法の括弧を含む数式を後置記法の数式に変換するプログラムを作成せよ。括弧 () が数式のどの位置にあっても正しく動く一般的なプログラムを作ること。また，このプログラムは括弧がないときにも使えることを確認せよ。

【ヒント】

　中置記法の数式の全体を引用符で囲んで文字列扱いとし，文字要素である数字と演算子，括弧の間には必ず 1 個の半角の空白を入れます。ただし，input() 関数で数式を読み込むときには，引用符の対は省く。これは中置記法の数式を，数式.split() を用いて，数字と演算子，括弧を要素とするリストに変換するためです。

課題 5.12

　中置記法の数式 '((a + (b * (c - d))) / e)' を逆アセンブルして後置式を求めよ。

課題 5.13

後置記法の数式をスタック計算するプログラムを作成せよ（前著 pp.256〜258 の例題 9.9）。

課題 5.14

中置記法の数式を後置記法の数式に変換せよ。

(1) '((1 + (2 * (3 - 4))) / 5)'
(2) '5 * (((7 + 9) * (2 * 5)) + 6)'
(3) '(7 * (119 - 23)) / 12 + 16 / (3 + 1)'

次に，後置記法の数式をスタック計算せよ。さらに，dis() 関数を使って計算せよ。
【ヒント】
後置記法では

(1) '1 2 3 4 - * + 5 /'　　　　　　　計算結果は −0.2
(2) '5 7 9 + 2 5 * * 6 + *'　　　　　計算結果は 830
(3) '7 119 23 - * 12 / 16 3 1 + / +'　計算結果は 60.0

課題 5.15

後置記法の数式をスタック計算せよ。

(1) rpn = '10 3.5 * 40 2.5 / +'
(2) rpn = '4 2.5 * 6. - 3 + 10 2.5 / 3 * + 5 6.2 * -'

【ヒント】
計算結果は
(1) 51.0　　(2) -12.0

5.6　ソート（sort，整列）

　ソートとは，多数のデータの並びを昇順あるいは降順に並び替えることです。ソートでコンピューターができることは二つのデータの数値の大小の比較と位置を入れ替えることだけです。文字列の並び替えは，文字の符号化による数値を比較する並び替えとなっています。ソートアルゴリズムに求められる最も重要な課題は，並び替えをいかに効率的に行うかです [3]。

例題 5.10
　リストで降順の選択ソートをおこなう。20 個のランダムな整数を要素とするリストを作成し，それらを降順にソートする。降順（大 → 小）と昇順（小 → 大）のソートの違いを知ろう。

プログラム　sort_select.ipynb

```
 1: def selection_sort(rlist):
 2:   for i in range(0, len(rlist) - 1):
 3:     max = I                                    # 降順
 4:     for j in range(i+1, len(rlist)):
 5:       if rlist[max] < rlist[j]:
 6:         max = j
 7:     rlist[i], rlist[max] = rlist[max], rlist[i]
 8:     print(i+1, 'after sorintg', rlist)
 9:   return rlist
10: # プログラムの本体
11: import random
12: random.seed(100)
13: n = 20
14: rlist = [random.randint(1,100) for i in range(n)]      # ランダムデータ
15: print('before sort:  random  ', rlist)
16: print('descending sort result', selection_sort(rlist))    # 降順
```

例題 5.11

　夏目漱石の作品リスト booklist = ['道草', '三四郎', '草枕'] を「あいうえお順」（五十音順）にソートしたい。英文ソートのプログラムを使用してもうまくいかない。これを「あいうえお順」にソートするにはどうすればよいかを考える。

プログラム　sort_selectJ.ipynb

```
 1: def selection_sort(rlist):
 2:   for i in range(0, len(rlist) - 1):
 3:     min = i
 4:     for j in range(i+1, len(rlist)):
 5:       if rlist[min] > rlist[j]:
 6:         min = j
 7:     rlist[i], rlist[min] = rlist[min], rlist[i]
 8: #   print(i+1, 'after sorintg', rlist)
 9:   return rlist
10: booklist = ['道草', '三四郎','草枕']
11: print('before sort:  random ', booklist)
12: print('after ascending sort', selection_sort(booklist))     # 昇順
13: print('use sorted function ', sorted(booklist))
```

　このプログラムではうまくいかないことが確認できます。「あいうえお順」にソートするには「ひらがな」の読みを付けます。ひらがなの昇順は「あいうえお順」です（カタカナを使ってもよい）。

　L10 のコードで, リストの要素のひらがなを振ります。

```
booklist = ['みちくさ道草', 'さんしろう三四郎','くさまくら草枕']
```

課題 5.16

　アルファベットの大文字と小文字を要素とし，それらがランダムに並ぶリストを作成し，それらを降順（ASCII コードの数値：大 → 小）にソートせよ。
【ヒント】
　random モジュールと string モジュールをインポートして，ランダムな要素のリストを

```
rlist = [random.choice(string.ascii_letters) for i in range(n)]
```

で作ります。n を 20 以上にとれば，大文字と小文字が適度に混ざるはずです。

課題 5.17 ＊

　1000 個，10000 個のランダムな整数を要素とするリストを作成し，それらを昇順に，挿入ソート，およびマージソートして，それぞれのソートの実行時間を %%timeit コマンドを使用して測定せよ。途中経過の出力は不要で，ランダムリストとソート結果のみ出力する。
【ヒント】

```
%%timeit                                 # 実行時間を計測するマジックコマンド
import random
random.seed(100)                         # seed は，最初は固定しておく
n = int(input('Enter a sample size: '))  # n = 10000
rlist = [random.randint(1, n) for i in range(n)]  # ランダムリスト
```

5.7　貪欲法と動的計画法

5.7.1　貪欲法によるコイン最小枚数問題の解法

　貪欲法（greedy algorithm）といいますが，アルゴリズムの何が貪欲なのでしょうか。このときの価値観は何でしょうか。「貪欲法とはその場で最善の手を選ぶことを繰り返す手法で，求まる解は最適解ではないことがある」といわれます。ここには最善と最適という価値観が入っています。最善と最適はどこがちがうのでしょうか。具体的な課題解決で考えてみましょう。

　コイン最小枚数問題という課題があります [12]。コイン（硬貨）はある通貨体系のもとで数種類が用意されています。日本では 500 円，100 円，50 円，10 円，5 円，1 円という種類があります。この課題解決ではある商品の代価をコインで支払うときに，コインの枚数を最小にすることが最適解となります。どのようなコインの組み合わせが最適になるかのアルゴリズムを考えるときに，すぐに思いつくのは，なるべく金額の大きいコインを優先的に多く使うような順番で支払額を**分割**してコインを選べば，硬貨の枚数が少なくて済むはずだ，ということです。これを最善の策とするのが貪欲法といわれるものです。貪欲法が最適解を得る手順になるかどうかは通貨体系によります。

【Prg】アルゴリズムにおける価値観

　アルゴリズムは，価値観に基づいて考案され使用されます。アルゴリズムとして最も価値があるのは，課題解決において正解が得られることです。この正解には，厳密解や最適解，精度の良い近似解が含まれます。次に，正解が得られるとして，効率が良いことが求められます。この効率では実行効率が優先されることが多いのですが，作成効率の良いことと相反することがあります。サンプルサイズが大きくないときには，実行効率を優先する必要はほとんどありませんので，プログラムを自作するのであれば，作成効率を優先させてかまいません。

例題 5.12

　現在の日本での硬貨の体系のもとで，ある商品の代価を支払うときのコインの枚数を最小化したい。ここでは，貪欲法を用いるプログラムを作成する。請求額をたとえば 5467 円とする。

【ヒント】

　辞書を用いて，項目のキーはコインの額面，値はそのコイン使用枚数とし，コインの金額の降順に項目を並べるとよい。

プログラム　geedy_coin.ipynb

```
 1: dict_coins = {500: 0, 100: 0, 50: 0, 10: 0, 5: 0, 1: 0}    # 辞書の初期化
 2: print(dict_coins)
 3: amount = int(input('Enter an amount_billed : '))    # 請求（支払い）金額
 4: total_num_coins = 0                        # the total number of used coins
 5: total_paymt = 0                            # total payments
 6: for k in dict_coins.keys():
 7:   q, r = divmod(amount, k)          # 商 q と余り r を返す組み込み関数
 8:   dict_coins[k] = q                 # キーに対して，値を入れる。 coin: number
 9:   total_num_coins += q
10:   total_paymt += k * q
11:   amount = r
12: print('the total number of used coins', total_num_coins)
13: print('dict_coins', dict_coins, ' total payments', total_paymt)
```

　実行結果は，各自で確認してください。現在の日本での硬貨体系では，貪欲法で最適解が得られます。

　貪欲法では，支払い金額に対して最適解が得られるとは限らないことが分かります（課題5.19）。そこで，次には，**動的計画法（dynamic programming）**と呼ばれるアルゴリズムで，コイン最小枚数問題の課題解決のプログラムを作成します。

5.7.2　動的計画法によるコイン最小枚数問題の解法

【CS】動的計画法（dynamic programming）

　動的計画法とは，問題全体を部分問題に**分解**し，各部分問題に対する解を順に表（dp_table）にして記録（再利用のためのメモ化）しながら，最終的に元の問題に対する解（最適解）を求めていく手法です [12]-[14]。動的（dynamic）とは，部分問題の解が表に順に記録されていく様子を指していると想像されます。programming は，本来ならば algorithm となるところです

ので，日本語訳では計画としているようです。

動的計画法の分かりやすい例として，フィボナッチ数列をメモ化して求めるケースがあります（課題 5.18）。

次に，動的計画法を単純なコインの一揃いがあるときに，ある請求額を最小のコイン枚数で支払う最適解を求める問題に用いてみます。

例題 5.13 ＊

額面が 1 円，3 円，5 円の 3 種類のコインを使って，請求額 7 円を支払うときのコインの最小枚数（最適解）とコインごとの枚数を，動的計画法を用いて求める。

【ヒント】

動的計画法を理解するために単純化した問題設定としています。貪欲法と同様に，硬貨の体系を辞書で表すとよい。ただし，初期化の辞書はキー（コインの額面）の昇順とします。

```
dict_coins = {1: 0, 3: 0, 5:0}
```

プログラムでは途中経過を出力して，アルゴリズムの理解を助けるようにしています。

プログラム　dp_coin.ipynb

```
 1: def min_coin_change(amount, dict_coins, list_dp):
 2: ## 請求額を支払うための最小のコイン枚数を求める。
 3:   for koin in dict_coins.keys():          # 各コインごとに最小枚数を更新
 4:     for paymt in range(koin, amount + 1):
 5:       list_dp[paymt] = min(list_dp[paymt], list_dp[paymt-koin] + 1)
 6:       print(koin, list_dp)                # 内側の for ループで一つの koin での処理は終了
 7:     print()
 8:   print('the last coin', koin, '   the last list_dp', list_dp)
 9:   print('min_num_coins: ', list_dp[amount])
10:   min_num_coins = list_dp[amount]   # 請求額に対する最適解の最小枚数を代入
11:
12: ## 各コインについてその使用枚数を求める
13:   print('\n', ' 各コインとその使用枚数を求める過程')
14:   paymt = amount                          # 請求額を計算額に代入し初期化する
15:   for koin, vnum in dict_coins.items():   # 各コインの使用枚数を求める繰り返し
16:     print('\n', 'paymt: ', paymt, ' koin: ', koin, ' vnum: ', vnum)
17:     while (paymt >= koin) and\
18:           (list_dp[paymt] == list_dp[paymt-koin] + 1):
19:       print('list_dp[paymt]: ', list_dp[paymt], '\t',\
20:             'list_dp[paymt-koin] + 1: ', list_dp[paymt-koin] +1)
21:       vnum += 1                           # 使用枚数のカウント +1
22:       print('vnum: ', vnum)
23:       paymt -= koin                       # 計算額をコイン額面だけ減らす
24:       print('paymt -= koin: ', paymt)     # while 節の最後
25:
26:     dict_coins[koin] = vnum
```

```
27:     print('koin: ', koin, '\t', 'dict_coins: ', dict_coins)   # for の最後
28:
29:   return min_num_coins, dict_coins          # 最小コイン枚数とコイン辞書
30:
31: ## メイン部
32: dict_coins = {1: 0, 3: 0, 5: 0}          # 辞書の初期化
33: print('initial dict_coins: ', dict_coins)
34: amount = int(input('Enter an amount(yen) : '))    # 請求額の入力
35: print('\n', 'initial list_dp')
36: list_dp = [0] + [float('inf')] * amount              # list_dp の初期化
37: print(list_dp)
38: print('\n', ' 最小コイン枚数を求める表 list_dp')
39: min_num_coins, dict_coins = min_coin_change(amount,
40:                       dict_coins, list_dp)        # 関数を呼び出し
41: print('\n', ' 計算結果のまとめ')
42: print('the minimum number of used coins: ', min_num_coins)
43: print('final dict_coins: ', dict_coins)
44: total = 0
45: for k, v in  dict_coins.items():
46:   total += k * v
47: print('the total payments(yen): ', total)             # 全支払額（請求額）
```

実行結果

```
initial dict_coins: {1: 0, 3: 0, 5: 0}
Enter an amount(yen) : 7

 initial list_dp
[0, inf, inf, inf, inf, inf, inf, inf]

最小コイン枚数を求める表 list_dp
1 [0, 1, inf, inf, inf, inf, inf, inf]
1 [0, 1, 2, inf, inf, inf, inf, inf]
1 [0, 1, 2, 3, inf, inf, inf, inf]
1 [0, 1, 2, 3, 4, inf, inf, inf]
1 [0, 1, 2, 3, 4, 5, inf, inf]
1 [0, 1, 2, 3, 4, 5, 6, inf]
1 [0, 1, 2, 3, 4, 5, 6, 7]

3 [0, 1, 2, 1, 4, 5, 6, 7]
3 [0, 1, 2, 1, 2, 5, 6, 7]
3 [0, 1, 2, 1, 2, 3, 6, 7]
3 [0, 1, 2, 1, 2, 3, 2, 7]
3 [0, 1, 2, 1, 2, 3, 2, 3]

5 [0, 1, 2, 1, 2, 1, 2, 3]
5 [0, 1, 2, 1, 2, 1, 2, 3]
5 [0, 1, 2, 1, 2, 1, 2, 3]
```

```
min_num_coins: 3

各コインとその使用枚数を求める過程
 paymt: 7    koin: 1    vnum: 0
list_dp[paymt]: 3        list_dp[paymt - koin] + 1: 3
vnum: 1
paymt -= koin: 6
list_dp[paymt]: 2        list_dp[paymt - koin] + 1: 2
vnum: 2
paymt -= koin: 5
koin: 1         dict_coins: {1: 2, 3: 0, 5: 0}

 paymt: 5    koin: 3    vnum: 0
koin: 3         dict_coins: {1: 2, 3: 0, 5: 0}

 paymt: 5    koin: 5    vnum: 0
list_dp[paymt]: 1        list_dp[paymt - koin] + 1: 1

vnum: 1
paymt -= koin: 0
koin: 5         dict_coins: {1: 2, 3: 0, 5: 1}

計算結果のまとめ
the minimum number of used coins: 3
final dict_coins: {1: 2, 3: 0, 5: 1}
the total payments(yen): 7
```

　L1 は，最小コイン枚数と各コインの使用枚数を求める関数を定義しています。引き数の amount は，請求額，dict_coins はコインの辞書で，キーはコインの額面，値はそのコインの使用枚数です。list_dp は，動的リストを表しています。list_dp[paymt] のインデックス paymt は 0 円から請求額までの計算額を表し，対応する要素はその計算額を支払うために使用したコインの枚数を表しています。L36 で，list_dp の要素を初期化しています。第 0 要素は 0 です。なぜなら，0 円を支払うためにはコインは要りませんから。この第 0 要素の 0 は，後の処理で必要となります。その他の要素は float('inf')，つまり無限大としておきます。これを後から最小枚数に変えていきます。なお，L5 で，list_dp[paymt - koin] というコードがあり，インデックスを求めるために [] の中で引き算をしていますが，これは許されます。

　この例題のプログラムの詳しい説明は，近代科学社の Web サイトのサポートページに掲載されています。

【Prg】float 型の無限大 float('inf')

　Python では浮動小数点数 float 型に無限大を表す inf があります。コンストラクタ float () の引数に文字列 'inf' を指定すると生成できます。float('inf') は，浮動小数点数型の数ですから，これを使って，加算や大小比較等ができます。たとえば，

```
print(15 + float('inf'))     # 出力は inf
```

などです。

課題 5.18

　フィボナッチ数列を動的計画法によるメモ化用いて求めよ。

【ヒント】

　フィボナッチ数列は漸化式で表すことができて，前の二つの数の和が次の数になるという性質をもっています。そこで，動的計画法を用いて部分問題の計算結果を表（dp_table）にしてメモ化し，表を参照することで同じ計算を繰り返すことなく再利用して，効率的に最終的に元の問題に対する解を求めていくことができます。フィボナッチ数列を収めるリストを dp_table とすると，

```
dp = [0, 0, 0, . . . , 0]      # dp table の初期化   dp = [0] * (n+1)
dp = [F0, F1, F2, . . . , Fn]  # 最終的な dp_tabel。n 番目の解 Fn
```

となります。

課題 5.19

　次のような硬貨の体系の辞書があったときに（辞書の初期化で示す），

```
dict_coins = {100: 0, 80: 0, 50: 0, 10: 0}
```

支払い金額が 160 円と 490 円の場合の使用するコインの最小枚数を貪欲法で求めよ。この場合に，貪欲法で最適解が得られているかを確認すること。

【ヒント】

　160 円の場合，最適解は得られません。490 円の場合には，最適解です。

課題 5.20 ＊

　現在の日本での硬貨体系のもとで，ある商品の代価を支払うときのコインの枚数を最小化したい。ここでは動的計画法を用いるプログラムを作成する。請求額をたとえば 5467 円とする。動的計画法で最適解が得られることを確かめよ。プログラムでは途中経過の出力は必要としない。

【ヒント】

　硬貨の体系を辞書で表します。辞書の初期化ではキー（コインの額面）の昇順とします。

```
dict_coins = {1: 0, 5: 0, 10: 0, 50: 0, 100: 0, 500: 0}
```

課題 5.21

次のような硬貨体系の辞書があったときに（辞書の初期化で示す），

```
dict_coins = {100: 0, 80: 0, 50: 0, 10: 0}
```

支払い金額が 160 円と 490 円の場合の使用するコインの最小枚数を動的計画法で求めよ。この場合に動的計画法で最適解が得られているかを確認すること。

5.7.3　貪欲法によるナップザック問題の解法

【CS】ナップザック問題（knapsack problem）

　ナップザック問題 [12]-[14] とは，価値と重さの異なる複数の品物をナップザックに入れて，その容量（制限重量）を超えない範囲で，価値の合計を最大化する品物の選び方を求め，最大価値と最大価値を与える品物の組み合わせを定める問題です。なお，価値と重さの単位は任意です（抽象化）。

　ナップザック問題で貪欲の意味が明瞭になります。すなわち，価値が高い品物をできるだけ多く貪欲に選ぶことが，貪欲法による課題解決となるからです。ただし，品物は，単なる価値の大きさ順ではなくて，単位重量当たりの価値が高いものから順に容量制限を満たす範囲で選択し，その価値の和をとることにします。以下では，品物は選ぶ／選ばないを選択して，同じ品番の品物は一つまでしか入れられない場合のナップザック問題を考えます。貪欲法では，価値の和が最大となる最適解が得られないことがあります。後で，動的計画法による結果（最適解）と比較します。

例題 5.14

　貪欲法でナップザック問題を解く。n 個の品物があり，$i(1 \leq I \leq N)$ 番目の品物には価値と重さが割り当てられていて，許容重量 WC のナップサックが一つある。品物の重さの和が WC 以下となるように品物を選んでナップサックに詰め込むときの品物の種類と価値の和を求める。この結果と，次の例題 5.15 の動的計画法の結果と比較する。

【ヒント】

　品物の辞書を作り，項目はキーを品番 i，値はタプルとして（価値，重さ）とします。次に，単位重量当たりの価値を求め，辞書の値を（価値/重さ，価値，重さ）という要素が 3 のタプルに変更して，価値/重さ（単位重量当たりの価値）の降順に並び替えます。

　品物の辞書の具体的な数値例を次とします。

```
dict_goods = {1:(4, 3), 2:(3, 2), 3:(6, 5), 4:(5, 3), 5:(1, 2)}
```

これを

```
ndict_goods = {4: (1.667, 5, 3), 2: (1.5, 3, 2), 1: (1.333, 4, 3),
               3: (1.2, 6, 5), 5: (0.5, 1, 2)}
```

とすればよい。この例では，dict_goods では，品番 1 の価値は 4，重さは 3 の品物が，項目 1:(4, 3) で表されており，これが ndict_goods では，価値と重さの比が辞書の値の第 0 要素になり，項目 1:(1.333，4，3) で表されて，価値/重さの降順の位置に置かれています。他の品物についても同様です。関数として gr_knapsack() を作成します。

プログラム　greedy_knpsk.ipynb

```
 1: def gr_knapsack(WC, dict_goods):
 2: # 価値/重さの降順とするの品物辞書を作成する
 3:   for i, j in dict_goods.items():
 4:     ratio = round(j[0] / j[1], 3)
 5:     dict_goods[i] = (ratio, j[0], j[1])     # 価値/重さ
 6:   list_vid = sorted(dict_goods.items(), key = lambda x:
 7:                       x[1][0], reverse = True)
 8:   ndict_goods = dict(list_vid)              # 辞書に戻した
 9: # 品物辞書から，価値の和と重さの和を求める
10:   slist = []
11:   vsum, wsum = 0, 0
12:   for i, j in ndict_goods.items():          # 価値/重さの降順で取り出す
13:     wsum += j[2]
14:     if wsum <= WC:
15:       slist.append((i, j))
16:       vsum += j[1]
17:     else:
18:       wsum = wsum - j[2]
19:       continue
20:   sdict = dict(slist)
21:   return ndict_goods, sdict, vsum, wsum
22:
23: # メイン部
24: dict_goods = {1: (4, 3), 2: (3, 2), 3: (6, 5), 4: (5, 3), 5: (1, 2)}
25: WC = 10                                     # weight capacity
26: ndict_goods, sdict, vsum, wsum = gr_knapsack(WC, dict_goods)
27: print('dict_goods', ndict_goods, len(ndict_goods))
28: print('selected dict_goods', sdict, len(sdict))
29: print('value sum: ', round(vsum), '   weight sum: ', wsum,
         '   weight capacityt: ',
```

実行結果

```
ndict_goods {4: (1.667, 5, 3), 2: (1.5, 3, 2), 1: (1.333, 4, 3), 3: (1.2, 6, 5),
5: (0.5, 1, 2)} 5
selected dict_goods {4: (1.667, 5, 3), 2: (1.5, 3, 2), 1: (1.333, 4, 3),
5: (0.5, 1, 2)} 4
value sum: 13    weight sum: 10    weight capacityt: 10
```

　貪欲法で選んだ品物の組み合わせが辞書 sdict に得られます。価値/重さの順に品物を選ぶ
として，番号 3 を選ぶと重さの和が 13 となり，重量の上限を超えてしまいます。そこで，品番
3 の品物を飛ばして，品番 5 を選んでいます。価値の和は 13，重さの和は 10 となり重量制限を
満たしています。

5.7.4　動的計画法によるナップザック問題の解法

　ナップザック問題を解く動的計画法のアルゴリズムは次のとおりです [12]-[14]。dp_table
の作成：品物には品番と価値，重さがあります。表の縦方向の i が品物番号（0 番目から n 番目
までの数）を，横方向の j がナップザックの重量の上限（$0, 1, 2, \ldots, WC$）を表します。表の各
セルには，その状況での最大価値を収めます（後述）。

(1) dp_table の更新：セルに収める最大価値を上から順に更新してメモ化していきます。各セ
　　ルでは，その品物を選ぶ場合と選ばない場合の価値を比較し，より大きな価値をセルに記録
　　します。

(2) 最適解の取得：第 1 行から第 n 行までのセルにそのときどきの最大価値を収めることによ
　　り，表の最も右下のセルには，この系の最大価値（最適解）が収められます。

(3) 選んだ品物の辞書の作成：dp_table を遡っていきながら，品物が選ばれたかどうかを判定
　　し，最適な品物の組み合わせを見つけます。

例題 5.15 ✳

　動的計画法でナップザック問題を解く。品物の辞書を，貪欲法と同じく，

```
dict_goods = {1:(4, 3), 2:(3, 2), 3:(6, 5), 4:(5, 3), 5:(1, 2)}
```

とする。ここで，辞書の項目は，キーが品番，値が (価値，重さ) である。品物の数は 5 である。
ナップザックの容量（重量の上限）を WC を 10 として，dp_table を作成して，最適解を求
め，選んだ品物の最適な組み合わせを辞書で表す。この結果と，例題 5.14 の貪欲法で得た結果
と比較する。

【ヒント】

・ 品物の辞書をリストに変換し，dp_table を 2 次元のリスト dp で作ります。

・ 最適解が dp の要素 dp[n][WC] で得られるように，セルの最大価値を更新していくことが，

145

動的計画法の核となります。

- dp_table の初期状態は，WC を 10 として，次のようになります。dp_table の第 0 行と第 0 列は動的計画法には必要で，価値 0 で初期化します。

重量の上限 j　　　　　　　　　　　　　　　　　　WC

		0	1	2	3	4	5	6	7	8	9	10
	0	0	0	0	0	0	0	0	0	0	0	0
品番 i	1	0										
	2	0										
	3	0										
	4	0										
n	5	0										

- 品物についても表を作っておきます。

	No.	vi	wi
	0	0	0
品番 i	1	4	3
	2	3	2
	3	6	5
	4	5	3
n	5	1	2

ここで，No. は品番，vi は価値，wi は重さです。

　この品物表を見ながら，重量の上限に注意して，上の dp_table のすべてのセルにそのときどきの最大価値を埋めていきます。手続きは，以下のとおりです。

　品物 1 番では，第 1 行は，第 1 列から第 2 列のセルには 0 が入ります。品番 1 の重さが 3 であるからです。第 3 列から第 10 列までのセルには 4 が入ります。重さ 3 は重量の上限を超えないからです。最初に取り出した品物 1 番では，その品物だけを使ってセルに価値を埋め込みますが，品番 2 以降では，その品物の価値とそれ以前の品物の価値を，重量の上限を超えない範囲で，合わせて最大価値としてセルに埋め込みます。このとき i 番目の品物と i 番目より前の品物の組み合わせは自由です。そうすると品番 2 の行は 0, 0, 3, 4, 4, 7, 7, 7, 7, 7, 7 となります。最大価値がどの品番の価値の和となっているかを確認してください。品番 3 以降も同様にして最大価値をセルに埋め込みます。この手続きが完了すると，すべてのセルに値が収まった，次の dp_table が得られることが分かります（表 5.2）。

　最適解（この系の価値の和の最大値）は，表の最も右下のセルの値 14 となります。dp リストでは第 5 行，第 10 列の要素 dp[5][10] です。品物のリストから価値の和は 14 = 5 + 6 + 3 となりますから，最適解の品物の組み合わせは，品番 4, 3, 2 であることが分かります。重さの和は，3 + 5 + 2 = 10 で，重量の上限 WC も等しいことが分かります。

表 5.2 ナップザック問題の動的計画表（dp_table）

重量の上限 j　　　　　　　　　　　　　　　　　　　　　WC

	0	1	2	3	4	5	6	7	8	9	10
0	0	0	0	0	0	0	0	0	0	0	0
1	0	0	0	4	4	4	4	4	4	4	4
2	0	0	3	4	4	7	7	7	7	7	7
3	0	0	3	4	4	7	7	9	10	10	13
4	0	0	3	5	5	8	9	9	12	12	14
5	0	0	3	5	5	8	9	9	12	12	14

品番 i （行 1〜4）、n （行 5）

以上をプログラムで確かめます。

プログラム　dp_knpsk.ipynb

```
 1: def dp_knapsack(WC, list_goods, n, dp):
 2: # dp_table，2 次元のリスト dp を作成し，最適解を求める
 3:   for i in range(1, n+1):          # 初期化で 0 は済。1, 2, ... , n まで
 4:     vi, wi = list_goods[i-1]       # リストの要素はタプル (vi, wi)
 5:     for j in range(1, WC+1):       # 初期化で 0 は済。1, 2, ... , W まで
 6:       if wi > j:                   # 品番 i は使えない
 7:         dp[i][j] = dp[i-1][j]
 8:       elif wi <= j:                # 品番 i が使える可能性あり。次のコードで比較
 9:         dp[i][j] = max(dp[i-1][j], vi + dp[i-1][j-wi])
10:   max_value = dp[n][WC]            # 得られる最大価値（最適解）
11:
12:   # 選んだ品物の辞書を作成する
13:   sdict = {}                       # 選んだ品物の辞書の初期化
14:   j = WC                           # weight capacity を代入して初期化
15:   for i in range(n, 0, -1):        # n, n-1, n-2, . . . , 1
16:     if j <= 0:
17:       break
18:     elif dp[i-1][j] < dp[i]j]:
19:       sdict[i] = list_goods[i-1]   # 選んだ品物をキー i の要素とする
20:       j -= list_goods[i-1][1]      # wi を差し引く
21:   return dp, max_value, sdict
22:
23: # メイン部
24: dict_goods = {1: (4, 3), 2: (3, 2), 3: (6, 5), 4: (5, 3), 5: (1, 2)}
25: list_goods = list(dict_goods.values())
26: n = len(list_goods)
27: print('list_goods', list_goods, n)
28: WC = 10                                        # weight capacity
29: dp = [[0] * (WC+1) for i in range(n+1)]        # dp_ table の初期化
30: dp, optimal_solution, sdict = dp_knapsack(WC, list_goods, n, dp)
31: print('dp_table')
32: for row in dp:
33:   print(row)              # dp_table が横長で巨大になる場合にはコメントとする
34: vsum, wsum = 0, 0
35: for vi, wi in sdict.values():
```

```
36:     vsum += vi
37:     wsum += wi
38: print('the optimal solution (the max value): ', optimal_solution)
39: print('selected dict_goods', sdict, len(sdict))
40: print('value sum: ', vsum, '   weight sum: ', wsum,
41:       '   weight capacity: ', WC) 42:       '   weight capacity: ', WC)
```

実行結果

```
list_goods [(4, 3), (3, 2), (6, 5), (5, 3), (1, 2)] 5
dp_table
[0, 0, 0, 0, 0, 0, 0, 0, 0, 0, 0]
[0, 0, 0, 4, 4, 4, 4, 4, 4, 4, 4]
[0, 0, 3, 4, 4, 7, 7, 7, 7, 7, 7]
[0, 0, 3, 4, 4, 7, 7, 9, 10, 10, 13]
[0, 0, 3, 5, 5, 8, 9, 9, 12, 12, 14]
[0, 0, 3, 5, 5, 8, 9, 9, 12, 12, 14]
the optimal solution (the max value): 14
selected dict {4: (5, 3), 3: (6, 5), 2: (3, 2)} 3
value sum: 14    weight sum: 10    weight capacity: 10
```

　この例題のプログラムの詳しい説明は，近代科学社の Web サイトのサポートページに掲載されています。

課題 5.22 ＊

動的計画法と貪欲法でナップザック問題を解く。品物の辞書を

```
dict_goods = {1:(50, 5), 2:(240, 20), 3:(120, 20), 4:(350, 50), 5:(270, 30)}
```

とする。ここで，辞書の項目は，キーが品番，値が（価値，重さ）である。最初に，動的計画法により，この課題を解く。ナップザックの容量（重量の上限）を WC を 70 として，dp_table を作成して，最適解を求め，選んだ品物の最適な組み合わせを辞書で表せ。ただし，dp_table の出力は省略してかまわない。例題 5.15 の L24 と L28 のコードを変更するだけでよい。次に，同じ品物の辞書を用いて，同じナップザック容量で，貪欲法によりこの課題を解いて，価値の和，重さの和，選んだ品物を示せ。例題 5.14 の L24 と L25 のコードを変更するだけでよい。動的計画法と貪欲法の結果に違いがあるか確認すること。

5.8　解析結果のグラフ表現と線形化

　本節では物理的事象や社会的事象のデータについての解析（計算と特徴抽出）を行い，結果をグラフ化します。グラフは，最初は x 軸, y 軸を linear-linear にとり，次に，x 軸 linear,

y 軸 log の片対数，あるいは x 軸 log，y 軸 log の両対数にとり，線形化します。グラフでは，対数は常用対数を用い，log で表します。

このとき，片対数グラフで線形となるのは指数分布の場合であり，両対数グラフで線形となるのは，ベキ分布の場合であることを確かめます。グラフを線形化する利点を理解してください。

例題 5.16

ダイオードの電圧—電流特性を調べる。表 5.3 は，小信号シリコンダイオードの実験データである。電圧，電流をリスト x，y に収めてグラフ化する。次に，y 軸を対数にとり，線形回帰を適用し，回帰直線を求める。データは電圧と電流の縦 2 列の CSV ファイル diode_v-i.csv として，ファイルから読み込む。グラフ 1 は x 軸，y 軸を linear-linear にとり，グラフ 2 は，x 軸 linear，y 軸 log（片対数）で表す。片対数グラフで線形となるのは，指数分布の場合である。

表 5.3　ダイオードの電圧—電流特性

電圧(V)	0.407	0.417	0.457	0.516	0.554	0.601	0.65	0.661
電流(mA)	0.01	0.01	0.03	0.19	0.46	1.36	4.46	6.13
電圧(V)	0.67	0.68	0.69	0.7	0.71	0.72	0.73	0.74
電流(mA)	7.71	9.99	12.75	15.65	21.47	28.09	37.21	49.82

プログラム　diode1.ipynb

```
 1: import csv
 2: import numpy as np
 3: import matplotlib.pyplot as plt
 4: with open('diode_v-i.csv', 'r') as fobj:
 5:   h = next(csv.reader(fobj))          # 最初の行のヘッダーを読む
 6:   robj = csv.reader(fobj)
 7:   list_data = [row for row in robj]
 8: x, y = [], []
 9: for i in range(len(list_data)):
10:   x.append(float(list_data[i][0]))
11:   y.append(float(list_data[i][1]))
12: x, y = np.array(x), np.array(y)
13: plt.scatter(x, y, marker = 'o', s = 7)
14: plt.xlim(0, 1.0)
15: plt.ylim(0, 60)
16: plt.xlabel('V [V]')
17: plt.ylabel('i [mA]')
18: plt.show()
```

プログラム　diode2.ipynb

```
 1: with open('diode_v-i.csv', 'r') as fobj:
 2:   h = next(csv.reader(fobj))           # 最初の行のヘッダーを読む
 3:   robj = csv.reader(fobj)
 4:   list_data = [row for row in robj]
 5: x, y = [], []
 6: for i in range(len(list_data)):
 7:   x.append(float(list_data[i][0]))
 8:   y.append(float(list_data[i][1]))
 9: x, y = np.array(x), np.array(y)
10: plt.scatter(x, y, marker = 'o', s = 7)
11: a, b = np.polyfit(x, np.log10(y), 1)           # 線形回帰
12: r = np.corrcoef(x, np.log10(y))[0, 1]
13: print(' 傾き a : ', round(a, 4), ' y 切片 b : ', round(b, 2),
14:        ' 相関係数 r : ', round(r, 3), ' 決定係数 r*r : ', round(r*r, 3))
15: y1 =10**(a*x + b)               # 指数分布
16: plt.plot(x, y1, 'red')
17: plt.yscale('log')               # y 軸は log スケール
18: plt.xlim(0, 1.0)
19: plt.ylim(10**(-2), 10**2)
20: plt.xlabel('V [V]')
21: plt.ylabel('i [mA]')
22: plt.show()
```

実行結果

傾き a : 11.1021　y 切片 b : -6.54　相関係数 r : 1.0　決定係数 r*r : 0.999

指数分布の式は，`diode2.ipynb` の L15 のコードを数学の式に戻すと

$$y = 10^{ax+b}$$

であり，これに分析から得られた a, b の値を代入して整理すると

$$y = 2.88 \times 10^{-7} \times e^{25.56x}$$

となります。すなわち，ダイオードの電流は，電圧に対して指数関数的に急激に増大ることが分かります。この特性からダイオードをデジタル素子，スイッチとして使うことができます。

課題 5.23

地震の規模（マグニチュード）M と発生頻度 n との間には**グーテンベルグ・リヒター則（Gutenberg–Richter law，G-R 則）**が成り立っている。G-R 則を数式であらわすと，

$$\log_{10} n\,(M) = a - bM$$

という関係式で表され，片対数グラフで表すと直線関係になる。a, b はパラメータで，傾きを表

す $b\,(>0)$ を「b 値」という。b 値の具体的な値は，統計期間や地域により若干異なるものの，0.9〜1.0 前後になるとされる。

表 5.4[53] は，1961 年から 1999 年の間に日本列島とその海域で起きた M5 以上のマグニチュードと発生頻度のデータである。マグニチュードをリスト x，発生頻度をリスト y で表して，このデータについて G-R 則を確かめよ。グラフ 1 は x 軸，y 軸を linear-linear にとり，グラフ 2 は，x 軸 linear，y 軸 log の片対数で表す。グラフ 2 で線形回帰分析を適用し，G-R 則の一次式の傾きを求める。

表 5.4　地震のマグニチュードと発生頻度

マグニチュード	5	5.1	5.2	5.3	5.4	5.5	5.6	5.7	5.8	5.9
発生頻度	632	581	469	379	306	285	217	216	160	126
マグニチュード	6	6.1	6.2	6.3	6.4	6.5	6.6	6.7	6.8	6.9
発生頻度	109	80	63	48	40	34	33	23	15	14
マグニチュード	7	7.1	7.2	7.3	7.4	7.5	7.6	7.7	7.8	7.9
発生頻度	15	12	7	2	3	4	3	3	4	2

表 5.4 では，M8.0，頻度 0 と M8.1，頻度 2 のデータを削除しています。削除する理由は，発生頻度の対数をとるので，頻度 0 は使えないからです（対数の真数 > 0）。データをリストで表すと，サイズ 30 で，

```
x = np.arange(5, 8.0, 0.1)
y = [632, 581, 469, 379, 306, 285, 217, 216, 160, 126, 109, 80, 63, 48, 40,
     34, 33, 23, 15, 14, 15, 12, 7, 2, 3, 4, 3, 3, 4, 2]
```

となります。

【NB】線形回帰分析の回帰直線の式の表現

本書の説明とプログラムでは，線形回帰の一次式を $y = ax + b$ で表していますが，統計学では $y = a + bx$ で表すことが少なくありません。ここで，定数 a, b は，± の数値をとります。他方で，地震学では $y = a - bx$ で表し，$b > 0$ としています。文献を読むときには，これらの式の表現に注意してください。

【Math】G-R 則における頻度 n，マグニチュード M，エネルギー E の関係

$$\log n = aM + b \tag{5.1}$$

ここで log は常用対数です。(5.1) 式は y 軸を片対数のグラフで表すと直線の式となります。$n_1, M_1; n_2, M_2$ の場合には

$$\log \frac{n_2}{n_1} = a\,(M_2 - M_1)$$

が成り立ちます。$a = -1, M_2 - M_1 = 1$ では $\log \frac{n_2}{n_1} = -1$ から $\frac{n_2}{n_1} = \frac{1}{10}$，傾きが -1 のとき，マグニチュードが 1 大きくなると，地震の発生頻度は $1/10$ となることが分かります。

　マグニチュード M と地震のエネルギー E（ジュール）との間には，次の関係式が認められています。エネルギーは強大な数ですので，対数をとると取り扱いが楽になります。

$$\log E = 4.8 + 1.5M \tag{5.2}$$

ここで，$E_2, M_2; E_1, M_1$ の場合には $\log \frac{E_2}{E_1} = 1.5(M_2 - M_1)$ が成り立ちますから，

$$M_2 - M_1 = 1 \text{ で}, \frac{E_2}{E_1} = 31.6$$
$$M_2 - M_1 = 2 \text{ で}, \frac{E_2}{E_1} = 1000$$

となります。マグニチュードが 2 大きくなるとエネルギーは 1000 倍になることが分かります。

　次に，頻度とエネルギーの関係式を求めることにします。(5.2) 式から

$$M = \frac{\log E - 4.8}{1.5}$$

を (5.1) 式に代入すると，両対数グラフで直線の式になります。

$$\log n = \left(\frac{a}{1.5}\right)\log E + b - 3.2a \tag{5.3}$$

(5.3) 式は，エネルギーを x 軸に，頻度を y 軸にとり，両対数グラフで表すと，直線 $Y = AX + B$ になることを示しています。傾き $A = \frac{a}{1.5}$，切片 $B = b - 3.2a$ になります。

課題 5.24 ＊

　グーテンベルグ・リヒター則におけるマグニチュード M の代わりに，地震の発生するエネルギーの大きさ E を用いて，頻度とエネルギーの関係式を求める。課題 5.23 のデータについて，エネルギーをリスト x，発生頻度をリスト y に収めて，グラフ 1 は x 軸，y 軸を linear-linear で表し，グラフ 2 は，x 軸，y 軸 log-log の両対数で表せ。次に，グラフ 2 に線形回帰分析を適用し，回帰直線の傾き A を求め，**ベキ乗則**が成り立つことを確かめよ。(5.1) 式で表した G-R 則の傾き a が -0.909 であるときに，(5.3) 式の傾き A の値が，計算式の a / 1.5 と一致することを確認する。A = -0.606 である。

課題 5.25

　余震に関する**大森公式**を東北地方太平洋沖地震について確認する。大森公式とは，本震後の余震の回数が時間に関して**ベキ乗則**に従い減衰することをあらわす式である。次のリスト y は，東北地方太平洋沖地震（2011 年 3 月 11 日発生）の，3 月 12 日から 5 月 31 日までの一日当たりの震度 1 以上の余震の回数のデータである（気象庁地震火山部 [54]）。マグニチュード 9.0 の大地震であったため，余震回数に大きな揺らぎが認められる。x, y 両軸を常用対数軸として，x 軸に本震後の日数，y 軸に余震の回数をとって，散布図と回帰直線を描き，回帰直線の傾きからベキ指数を求め，ベキ乗則が成り立つこと確かめよ。

```
y = [485, 250, 195, 153, 146, 137, 110, 132, 125, 93, 103, 116, 80, 67, 75,
    88, 83, 50, 58, 53, 53, 39, 60, 42, 44, 37, 47, 73, 34, 38, 192, 188,
    93, 83, 51, 38, 45, 51, 41, 30, 38, 34, 27, 43, 26, 50, 29, 23, 24, 27,
    32, 27,23, 26, 25, 31, 11, 23, 29, 23, 32, 13, 27, 24, 26, 12, 16, 21,
    15, 22, 19, 15, 13, 21, 33, 24, 28, 21, 25, 22, 12]
```

　大森房吉は，濃尾地震（1891 年発生）の余震について，1894 年にベキ指数がほぼ −1 になることを発見しています。これは後に「ジップの法則」（1935, 1949）といわれるものです [3]。

課題 5.26

　政令指定都市の人口を人口順にランク付けして記載した表 5.5[55] のデータについて，横軸に順位をとり，縦軸に人口をとってグラフ化せよ。さらに両軸を対数スケールに変換したグラフを描き，これに線形回帰分析を適用してベキ指数を求め，ベキ乗則が成り立つことを確かめよ。表のデータを読み込むときには，順位と人口の縦 2 列の CSV データ（jpn_city_population.csv）とすること。

表 5.5　政令指定都市の人口と順位（2022 年 10 月 1 日現在）

順位	1	2	3	4	5	6	7
都市名	横浜	大阪	名古屋	札幌	福岡	川崎	神戸
人口	3,772	2,757	2,326	1,973	1,631	1,541	1,510
順位	8	9	10	11	12	13	14
都市名	京都	さいたま	広島	仙台	千葉	北九州	堺
人口	1,449	1,340	1,191	1,099	979	924	817
順位	15	16	17	18	19	20	
都市名	浜松	新潟	熊本	相模原	岡山	静岡	
人口	784	779	738	727	719	683	

2022年10月1日現在のデータ。人口の単位は3桁目で四捨五入して千人単位。

課題 5.27

　ケプラーの第 3 法則（Kepler's Third law）とは「惑星の公転周期を T とし，軌道となる楕円の長半径を a とするとき，公転周期の 2 乗は超半径の 3 乗に比例する」。すなわち

$$\frac{T^2}{a^3} = K$$

が成り立つことである。ここで，K は比例定数。この法則をケプラーによる観測データ [56] から作成した表 5.6 に基づいて確認せよ。x 軸に長半径 a，y 軸に周期 T をとって，両軸を常用対数にとってグラフに表せ。

　表 5.6 は，六つの惑星に関するデータであるが，八つの惑星に関する最新のデータは，理科年表 [53] にある。後者のデータについてケプラーの法則を確認せよ。

　実行結果として，回帰直線の傾きを $A = 1.5$ が得られることから，$\log T = 1.5 \log a$

$$\frac{T^2}{a^3} = 1$$

が得られ，第 3 法則が成り立つことが分かります。表 5.6 から，上記の左辺を計算してもよい。

表 5.6　ケプラーの第 3 法則のデータ

惑星 Planet	公転周期 T (days)	(years)	軌道長半径 a (au)
Mercury 水星	87.77	0.24	0.389
Venus 金星	224.7	0.615	0.724
Earth 地球	365.25	1	1
Mars 火星	686.95	1.881	1.524
Jupiter 木星	4332.62	11.862	5.2
Saturn 土星	10759.2	29.457	9.51

第6章

シミュレーションの
プログラミング

本章では，いくつかの事象についてコンピューター・シミュレーション（simulation）を行います。

シミュレーションは，計算論的思考（CT）を必要とする**計算科学**（computational science）の手法で，事象の本質的な要素を抽出して事象を**モデル化**し，モデルを使って模擬的に計算機実験を行い，事象の性質やメカニズムの究明，予測などをすることです。計算機実験においては，アルゴリズムを考案・構築し，実際にプログラミングして処理結果を出して，これを**評価**してはじめて課題解決となります。

モンテカルロ法（Monte Carlo method）とは，確率的な事象について擬似乱数を用いてシミュレーションする技法の総称です。

ここで注意しておきたいことは，次の2点です。

(1) シミュレーションやデータサイエンスなどの計算科学では，対象とする事象についての専門的知識とプログラミング力（あるいは数理解析ソフトの運用力）の二つを必要とします。どちらが欠けても，課題解決は不可能となります。

(2) 計算科学がコンピューター科学の外でCTを発展させる大きな原動力となっています [4]。

6.1　放射性核種の半減期をシミュレーションで求める

「半減期」（half-life） とは，ある量が初期値の半分に減少するのに要する時間のことです。物理的半減期に，放射性同位体（RI）の核種の数がランダムに起きる放射性崩壊によって初期値の半分にまで減少するのに要する時間があります。

放射性同位体の崩壊を表す微分方程式は，時刻 t での核種の数を $N(t)$ として，

$$\frac{dN(t)}{dt} = -\lambda N(t) \tag{6.1}$$

で表されます。ここで λ は崩壊のスピードを表す崩壊定数です。この微分方程式の解は

$$N(0) = N_0, \ N(t) = N_t$$

で表して，

$$N_t = N_0 e^{-\lambda t} \tag{6.2}$$

核種の数は指数関数的に減少することが分かります。半減期 T では

$$\frac{N_t}{N_0} = e^{-\lambda T} = \frac{1}{2}$$

となるので，半減期の理論値 T は

$$T = \frac{\ln 2}{\lambda} \tag{6.3}$$

で求められます。$\ln$ は自然対数を表します。

次に，半減期 T と崩壊定数 λ をシミュレーションで計算から求めます。放射性崩壊は確率的な事象ですので，このシミュレーションはモンテカルロ法となります。この事象をランダムなサイコロ投げでモデル化します [57]。サイコロを放射性同位体と考え，初期値 N_0 個のサイコロを全部一度に振って 1 の目の出る数を数えます。1 の目が出ると放射性崩壊が起きたとします。1 の目の出る確率を 1/6 とすれば，崩壊数は $N_0/6$ となります。そうすると時刻 1 での核種の数 N_1 は，

$$N_1 = N_0 - \frac{N_0}{6}$$

となり，N_1 が崩壊すると崩壊数は $N_1/6$ となります。以後，同様の手続きを繰り返します（表 6.1）。

表 6.1　放射性崩壊の遷移

時刻	核種の数	崩壊数
0	N_0	$N_0/6$
1	N_1	$N_1/6$
2	N_2	$N_2/6$
t	N_t	$N_t/6$

そこで，放射性崩壊する核種の数は，時刻とともに次のように変化していきます。

$$N_1 = N_0 - \frac{N_0}{6} = \frac{5}{6}N_0, \quad N_2 = N_1 - \frac{N_1}{6} = \left(\frac{5}{6}\right)^2 N_0, \quad \ldots,$$

$$N_t = \left(\frac{5}{6}\right)^t N_0 \tag{6.4}$$

(6.4) 式から，時刻 t での核種の数 N_t は t の指数関数で表され，時間の経過とともに指数関数的に減少することが分かります。ここで半減期を T とすれば，

$$\frac{1}{2} = \left(\frac{5}{6}\right)^T$$

から，半減期 T は，両辺の自然対数をとって

$$T = \frac{\ln 2}{\ln 6 - \ln 5} = 3.80 \tag{6.5}$$

として求まります。崩壊定数 λ は，(6.3) 式と (6.5) 式から

$$\lambda = \ln 6 - \ln 5 = 0.182 \tag{6.6}$$

となります。

　次に，半減期 T と崩壊定数 λ をシミュレーションのプログラミングにより求めることを考えます。放射性崩壊を x 軸に線形軸で時間 x，y 軸に線形軸で核種の数 y をとる散布図で，(6.2) 式の指数関数を

$$y = ba^x \tag{6.7}$$

と表します。(6.7) 式の両辺の常用対数をとって

$$\log y = x \log a + \log b$$

すなわち，回帰直線の式

$$\log y = Ax + B \tag{6.8}$$

となります。すなわち，x 軸を線形軸，y 軸を常用対数軸にとると，散布図は片対数グラフで，放射性崩壊は線形な関係の式で表せることが分かります。

　そこで，放射性崩壊の散布図に線形回帰を適用し回帰直線を求めると，半減期 T は，回帰直線の傾き A を用いて，次のようにして算出することができます。座標 $(x_1, \log y_1)$，$(x_2, \log y_2)$ について，回帰直線の傾き A は，定義から

$$A = \frac{\log y_2 - \log y_1}{x_2 - x_1}$$

$$x_2 - x_1 = \frac{\log \frac{y_2}{y_1}}{A} \tag{6.9}$$

そこで，半減期 T は

$$T = \frac{\log 2}{-A} \tag{6.10}$$

157

で求まります。回帰直線の傾きの値 A を (6.10) 式に代入して，対数の底が 10 であることに注意すれば，T が算出できます。これがプログラミングの結果から得られる半減期の値です。半減期の計算値 (6.3) 式とシミュレーション値 (6.10) 式を比較してください。

崩壊定数 λ は (6.10) 式の対数を自然対数 ln にとれば，(6.3) 式と比較して，

$$T = \frac{\ln 2}{(-A)\ln 10}$$

から，$\lambda = (-A)\ln 10$ で得られます。

プログラミングでは y 軸を対数変換して線形回帰分析を適用し回帰直線を得て，その傾きを用いて半減期を求めています。なぜ，非線形 → 線形変換を行って線形回帰分析したかといえば，

・ 分かりやすい線形回帰の式が使える
・ x と y の関係が直線で近似されるので，グラフから半減期を容易に読み取ることができる

からです。

課題 6.1 ＊

放射性核種の半減期と崩壊定数をモンテカルロ法により求めるプログラムを作成せよ。
【ヒント】
半減期を求めるプログラムを，前処理部とメイン部に**分割**して作成します。前処理部では，random モジュールをインポートし，関数 decay_data() を定義してモジュールファイル RI_decay.py に収めておき，メイン部のプログラムはこれをインポートします。

decay_data(seed_num, N0, trials, secs) において，引数，seed_num は乱数の seed を与える数，N0 は核種の数の初期値，trials は試行回数，secs は，0 秒から (sec − 1) までの崩壊の時刻です。この関数は，分析対象となる崩壊データをリスト data として返します。

時刻 0 から t までに崩壊する一連のデータをリストに収めるならば，

```
data = [N0, N1, N2, ..., Nt]        # 要素はある時刻での各種の数
```

となりますが，ここでは要素の $t+1$ 個のデータは 1 回の試行で得られたとするのではなくて，何回かの試行の平均値をとることにします。すなわち，

```
data = [初期値，1 秒後の核種の数の試行平均，2 秒後の核種の数の試行平均，...,
        t 秒後の核種の数の試行平均]
```

メイン部では，放射性崩壊の散布図を画きます。グラフは，最初に x 軸を線形軸で時間，y 軸を線形軸で核種の数をとり，次に y 軸のみ常用対数軸とします。この後者の散布図に回帰直線を引き，回帰係数と相関係数，半減期を求めます。

課題 6.2

セシウム 134 の半減期 T は 2.1 年である。そこで，0 年の放射線量 N_0 を 1 として，$N(t) = e^{-\lambda t}$ から 1 年後，2 年後，... の放射線量の減衰割合を推計することができる。10 年後までの減衰割合の推計値のリストを作成し，x 軸に経過年数，y 軸に放射線量をとって，セシウム 134 の崩壊定数と放射能の減衰曲線のグラフを求めよ [58]。y 軸が log スケールのグラフも描け。

6.2 円周率を推計するビュフォンの針のシミュレーション

円周率の近似値を求めるビュフォンの針（Buffon's needle）のシミュレーションは，確率的な事象を扱いますので，モンテカルロ法です。ビュフォンの針の問題では，次のような**確率モデル**を考えます [59]-[61]。

紙面上に間隔 D の平行線を引き，その上に長さ L の針を任意の位置と角度で落とし，針を落とした回数 N と針が平行線と交わった回数 n を数えます（図 6.1）。$L \leq D$ のとき，針と平行線が交差する確率 P は

$$P = \frac{2L}{\pi D}$$

となります。上式から

$$\pi = \frac{2L}{DP}$$

が得られますので，右辺から π が求まります。

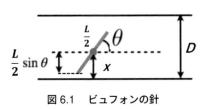

図 6.1 ビュフォンの針

シミュレーションにより，P を n/N から推計すれば，円周率の値を近似的に求めることができます。n を求めるためには，針が平行線と交わる条件を知る必要があります。針の中心の点といちばん近い平行線との距離を x とし，針とその平行線とがなす角を θ とすると，x は区間 $[0, \frac{D}{2}]$ 上の一様分布に従い，θ は区間 $[0, \frac{\pi}{2}]$ 上の一様分布に従います。このとき針が平行線と交わる条件は $x \leq \frac{L}{2} \sin \theta$ となります。

例題 6.1 ∗

ビュフォンの針のシミュレーションにより円周率を求めるプログラムを作成する。針を投げる回数 N，平行線の間隔 D，針の長さを L にとり，たとえば，N, D, L をそれぞれ 1000000, 10, 8

とする。この試行を 10 回繰り返して平均値をとって確率と π の近似値を求める。

【ヒント】

　ウィキペディアにプログラム作成上の注意と擬似言語プログラムが載せられています [61]。「円周率の近似値を求める際に 0 から $\frac{\pi}{2}$ までの一様分布を用いて θ を決めてしまうと，求めようとしている値であるはずの円周率の値への依存が発生してしまう。この依存を回避するには，単位円の内側の点をランダムに選ぶことで円周率を使わずに $\sin\theta$ の値を求めればよい」。

プログラム　buffon_needl.ipynb

```
 1: import random
 2: import numpy as np
 3: def Buffon_needle(N, D, L):            # 針が平行線と交差する回数を求める関数の定義
 4:   #random.seed(110)
 5:   n = 0                                # 針が平行線と交差する回数の初期化
 6:   for i in range(1, N+1):              # 針を N 回落とす
 7:     x = random.uniform(0, D/2)         # x は区間 [0, D/2] 上の一様分布に従う。
 8:     while True:
 9:       dx = random.uniform(0, 1)
10:       dy = random.uniform(0, 1)
11:       r = np.sqrt(dx*dx + dy*dy)
12:       if r <= 1:                       # 単位円内であれば
13:         break
14:     sine_theta = dy / r
15:     if x <= (L/2) * sine_theta:        # 針が平行線と交差するならば
16:       n += 1                           # 針が平行線と交差する回数を +1
17:   return n
18:
19: N, D, L = 1000000, 10, 8               # 針を投げる回数，平行線の間隔，針の長さ L。
20: list_P = []
21: list_ap_pi = []
22: m = 10
23: for i in range(m):                     # m 回の試行
24:   n = Buffon_needle(N, D, L)
25:   $P = n / N$
26:   list_P.append(P)                     # 確率の近似値をリストに収める
27:   ap_pi = 2 * L / (D * P)
28:   list_ap_pi.append(ap_pi)             # πの近似値をリストに収める
29:   ap_pi = 2 * L / (D * P)
30: #print(list_P)
31: #print(list_ap_pi)
32: P = sum(list_P) / m                    # 確率の近似値の平均値を求める
33: ap_pi = sum(list_ap_pi) / m            # πの近似値の平均値を求める
34: print(' 針と平行線が交わる確率：', round(P, 3),
35:       ' 円周率の近似値：', round(ap_pi, 4))
```

実行結果

針と平行線が交わる確率： 0.51　　　円周率の近似値： 3.1402

ビュフォンの針のアルゴリズムは，収束が非常に遅いことが分かります。

6.3　物体の放物運動をシミュレーションする

　物体を質点として**抽象化**し，物体の運動を**モデル化**して，物体の運動をニュートン力学で記述します。運動方程式は $F = ma$ で表されます。ここで，F は力，m は物体の質量，a は加速度です。運動を x 軸方向と y 軸方向に**分解**し，速度をそれぞれ v_x, v_y とします。なお，ここでは簡単な微積分を使います。

　放物運動とは，投射点を原点 $(0, 0)$ にとり，物体を x 軸とのなす角が θ の方向に投げ上げて，物体が再び地面に戻る運動です [7][8][62]。課題の単純化のために，物体の運動に対する空気抵抗は考えません（モデル化）。

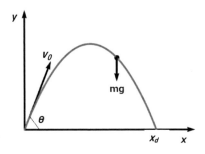

図 6.2　物体の放物運動

　この放物運動に運動方程式を適用します。x 軸方向，y 軸方向の速度をそれぞれ v_x, v_y とすると，それぞれの運動方程式は，x 軸方向には力が働かないので，

$$m\frac{dv_x}{dt} = 0$$

y 軸方向には重力加速度 $g(= 9.807)$ を下向きに受けるので，

$$m\frac{dv_y}{dt} = -mg$$

となります。これにより，x 軸方向に等速度運動，y 軸方向に加速度 $-g$ の等加速度運動することが分かります。v_x, v_y は，上の微分方程式を初期条件の下で解いて，

$$v_x = v_0 \cos\theta$$

$$v_y = v_0 \sin\theta - gt$$

となります。初期条件は，位置座標は $x(0) = 0, y(0) = 0$ で，初速度は x 軸方向と y 軸方向に分解されて，

$$v_x(0) = v_0 \cos \theta$$

$$v_y(0) = v_0 \sin \theta$$

となります。$v_x = \frac{dx}{dt}, v_y = \frac{dy}{dt}$ から，位置座標 x, y は，時間 t を媒介変数とする関数として

$$x = v_0 \cos \theta \cdot t$$

$$y = v_0 \sin \theta \cdot t - \frac{1}{2}g t^2$$

となります。この2式から t を消去すれば，物体の軌道の式として

$$y = \tan \theta \cdot x - \frac{g}{2v_0^2 \cos^2 \theta}x^2$$

が得られます。上式から，物体が落下する位置座標 $(0, x_d)$ を求めると，最大到達距離は

$$x_d = \frac{v_0^2 \sin^2 \theta}{g}$$

これから，θ が45度のときに，飛距離が最大になることが分かります。また，ボールが最高点に達するまでの時間 t_h を求めると，$v_y = 0$ から

$$t_h = \frac{v_0 \sin \theta}{g}$$

となります。そこで，ボールの最高到達点は

$$y_h = \frac{v_0^2 \sin^2 \theta}{2g}$$

となることが分かります。

課題 6.3 ＊

物体（小さなボール）の放物運動を考える。物体を原点 O 起点として，水平軸から角度 θ，初速度 v_0 で投射して，再び地上に落下するまでの放物運動をシミュレーションする。重力加速度は $g = 9.807$，$\theta = 45$ 度，60，$v_0 = 30$ とする。単位は MKS 単位系を使う。空気抵抗は無視してよい。

(1) ボールの運動の軌跡を画く。ボールの運動を水平（x 軸）方向と鉛直（y 軸）方向に分けて考えて，軌跡の位置座標 (x, y) を求め，軌跡をプロットせよ。

(2) 初速度を同一とし，投射角度による y 軸方向の到達高度と x 軸方向の到達距離の違いを確かめ，最高到達高度と最高到達距離を求めよ。

(3) 最大到達距離を得るには，投射角度を何度に選べばよいか？

【ヒント】

　物体の運動の軌道は連続的ですが，シミュレーションではこれを離散化する必要があります。物体が地面から投射されてから地面に落下するまでの飛行時間を，時間の刻み幅を dt として，たとえば，$dt = 0.01$ で離散化して，物体の位置座標 $(x_0, y_0) , (x_1, y_1) , \dots , (x_n, y_n)$ を求める必要があります。これをリストで表します。

$$x = [x_0, x_1, \dots, x_n]$$
$$y = \left[y_0, y_1, \dots, y_n \right]$$

時間の離散化では，次の for 文を使うとよい。

```
for t in np.arange(0, time_flight+dt, dt)      # time_flight は飛行時間
```

ここで Numpy ライブラリの np.arange（start，stop，step）関数は，range() とほとんど同じですが，引数の型として float が使えます。step dt を 0.01 として，時間を離散化することができます。

6.4　ロジスティック方程式のシミュレーション

　生物の個体数の時間的増加の様子を**数理モデル**で表す場合，個体数は実際には不連続な整数値をとりますが，数学的扱いを簡便にするために連続な実数値をとるものとします。個体数を連続な値とすれば，個体数の増加率は N の時間微分 dN/dt で表すことができます。このような数理モデルにロジスティック方程式（logistic equation）があり，

$$\frac{dN}{dt} = rN \left(1 - \frac{N}{K} \right) = rN - rN\frac{N}{K} \tag{6.11}$$

という非線形の微分方程式で記述されます [63][64]。ここで N は時間 t の関数で個体数を，dN/dt は個体数の増加率を表しています。r は内的自然増加率，K は環境収容力と呼ばれる定数で，環境が維持できる個体数を意味します。

　生物個体数の増加モデルとしては，ロジスティック方程式に先立って，マルサスモデルがあります [63]。マルサスモデルは，ある個体群において，時刻 t に個体数が N であるときに，個体数を連続な値とすれば，個体数の増加率 dN/dt は，現在の個数 $N(t)$ に比例する下記の微分方程式で表されます。m を比例定数として

$$\frac{dN}{dt} = mN$$

　上式に従えば，個体数 $N(t)$ は時間 t とともに指数関数的に増加します。しかし，ある環境下で生きる生物には生息できる個体数に上限があり，個体数が多くなると，その増加に抑制がかかると考える方が現実的です。この増加の抑制効果を取り入れたのがロジスティック方程式です。(6.11) 式右辺の第 2 項が増加の抑制を表す項です。rN の増加数に N/K の比率を掛けて得られ

る個数だけ，各時点で増加が抑制されることを表しています。このモデルは，個体数が増えて環境収容力 K に近づくほど，個体数の増加率が減っていくというモデルになっています。

(6.11) 式の右辺，

$$m = r \left(1 - \frac{N}{K} \right)$$

とおくと，m と N との関係は，下記の図で表されます。

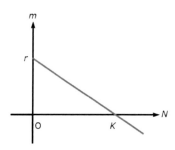

この図は，ロジスティック方程式においては，個体の増加率 m が N に対して直線的に減少することを表しています。

ロジスティック方程式において，縦軸に dN/dt，横軸 N をとってグラフに表すと，dN/dt は N の 2 次関数であり，グラフは上に凸の放物線を描くことが分かります（図 6.3）。

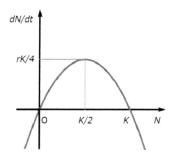

図 6.3　ロジスティック方程式における dN/dt と N との関係

$N = 0$ と $N = K$ のとき，$\frac{dN}{dt} = 0$ となります。すなわち，N は時間に関係しない定数となります。この状態を定常状態，あるいは平衡状態と呼んでいます。

(6.11) 式の微分方程式は変数分離法を用いて解くことができます。時間 $t = 0$ における初期値を N_0 とすると，以下の解が得られます [63]。

$$N(t) = \frac{K N_0 e^{rt}}{N_0 e^{rt} + K - N_0} \tag{6.12}$$

課題 6.4 ＊

 生物個体数の増加の様子をロジスティック方程式でシミュレーションする。方程式の解 (6.12) のグラフを x 軸に時間 t，y 軸に $N(t)$ をとって描け。ここで，$r = 0.01$, $K = 1000$, $N_0 = 10$ とする。このグラフをロジスティック曲線と呼んでいる。

課題 6.5

 ロジスティック方程式の解 (6.12) を求めることは，かなり難しい。しかし，ロジスティック曲線は，(6.11) 式から単位時間当たりの N の増加数が分かるので，これからも描くこともできる [7]。$r = 0.01$, $K = 1000$，個体数 N はリストを使い，初期値を N = [10] として，このプログラムを作成せよ。

6.5　ロジスティック写像のシミュレーション

 ロジスティック写像（logistic map） は，非線形の微分方程式であるロジスティック方程式を離散化して得られる 2 次関数の差分方程式（漸化式）です。これを離散力学系ということがあります [63]-[65]。

$$x_{n+1} = ax_n(1 - x_n) \tag{6.13}$$

ここで，$0 \leq x_n \leq 1, 0 \leq a \leq 4$ です。$n(= 0, 1, 2, 3, \ldots)$ は，離散時間で時間的変化の別表現とみなせます。たとえば，昆虫の数の世代変化を考えると，世代 n で時間を測ることができます。そこで，横軸に n，縦軸に x_n をとり，係数 a の値を固定して，適当に決めた初期値 x_0 から n を増やして，x_n の時間発展を追っていくと，一つの離散的な時系列が得られます。本節では，ロジスティック写像が単純な関数でありながら，x_n の時系列が a の値を変えることで多様で複雑な振る舞いを示すことをプログラミングにより確かめ，**カオス（chaos）** という予測不可能な変動の存在を発見します。

例題 6.2

 ロジスティック写像 (6.13) において，横軸に n，縦軸に xn をとって，離散的時系列 n_x_n のグラフを描け。n は 0 から 50 までとし，初期値 x0 を 0.3 に固定し，a を 0.5，1.5，2.5，3.5，4.0 にとって，五つの n_x_n のグラフを描き，時系列 n_x_n の特徴を掴む。

プログラム　logistic_map.ipynb

```
1: import matplotlib.pyplot as plt
2: import numpy as np
3: for a in [0.5, 1.5, 2.5, 3.5, 4.0]:    # 5 個の n_xn のグラフを描く
4:    x = []
5:    x.append(0.3)                       # 初期値は x[0] = 0.3 で固定
6:    for i in range(50):
7:      x.append(a * x[i] * (1 - x[i]))
```

```
 8:    n = np.arange(0, 51)              # size 51
 9:    x = np. array(x)                  # size 51
10:    print('a: ', a, '   x[0]: ', x[0])
11:    plt.plot(n, x, marker ='o', markersize = 5)
12:    plt.xlim(0, 50)
13:    plt.ylim(0, 1)
14:    plt.xlabel('n')
15:    plt.ylabel('Xn')
16:    plt.show()
17:    print()
```

実行結果

```
a: 0.5    x[0]: 0.3
```

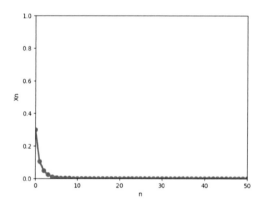

```
a: 1.5    x[0]: 0.3
```

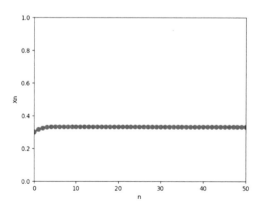

166

a: 2.5   x[0]: 0.3

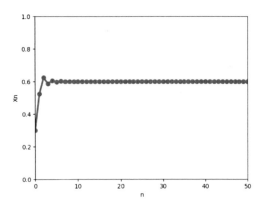

a: 3.5   x[0]: 0.3

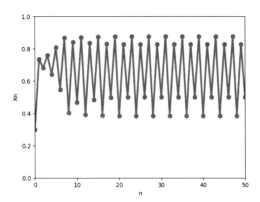

a: 4.0   x[0]: 0.3

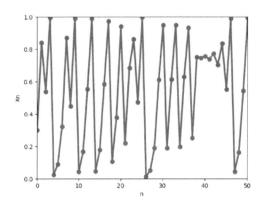

以上の n_x_n のグラフから

    $0 < a < 1$ のとき，$x = 0$ に収束

    $1 < a < 2$ のとき，$\frac{(a-1)}{a}$ に収束

    $2 < a \leq 3$ のとき，$\frac{(a-1)}{a}$ に振動しながら収束

    $3 < a \leq 3 + \sqrt{6}$ のとき，2 周期点へ振動しながら収束

    $3.5699456... \leq a$ のとき，カオスが発生

となります。

  上記の最後の図に示されるような，決定論的な規則に従う離散力学系の不規則で予測不可能な振る舞いを**カオス（chaos）**と呼んでいます。この不規則性は確率的に起きるのではなく，漸化式という，ある定まった規則から生み出されていることに注意してください。カオスには**バタフライ効果（butterfly effect）**という言葉で表される，初期値鋭敏性と予測困難性があります。初期値のほんのわずかな違いが力学系の後の状態に巨大な違いと不規則性をもたらすのです。

  皆さんは，最初に離散力学系 (6.13) 式を見て，この式からカオスの振る舞いを予想できたでしょうか。ここで留意しておきたいことは，カオスの存在はプログラミングにより数値実験をして初めて容易に確認できるようになったこと，プログラミングがなければカオスやフラクタルなどの複雑系の科学の発展はなかったということです。カオスの解析では，アルゴリズムは漸化式で表される単純なものですから，プログラミングが決定的な役割を果たしていることをきちんと認識してください。

例題 6.3 ＊

  ロジスティック写像 (6.13) において，n は 0 から 50，$a = 4$ とし，初期値を $x_0 = 0.5$ と $x_0 = 0.50001$ にとって，n_x_n 図とリターンマップ（retrun map，クモの巣図）を描け。ここでリターンマップとは，(6.13) 式によって定まる軌道 x_n を，横軸に x_n，縦軸に x_{n+1} をとって描く図である。この図には，$X_{n+1} = X_n$ と $X_{n+1} = aX_n(1 - X_n)$ のグラフも描き込む。後者の放物線は，$x_n = 1/2$ で，最大値 $a/4$ をとることを確かめること。リターンマップの描き方については文献 [65] を参照。以上から，カオスのバタフライ効果を確認する。

プログラム1　logistic_map2.ipynb　　　# n_x_n 図を描く

```
 1:import matplotlib.pyplot as plt
 2:import numpy as np
 3:import gmpy2
 4:
 5: a = 4.0
 6: x = [0.5]
 7: print('a: ', a, '   x[0]: ', x[0], ' line width:  thick')
 8: for i in range(50):
 9:   x.append(a * x[i] * (1 - x[i]))
10: n = np.arange(0, 51)
11: x = np. array(x)
12: plt.plot(n, x, marker ='o', markersize = 9, color = 'k', lw = 3)
13:
14: gmpy2.get_context().precision = 128      # 128 ビット演算。256 ビットでも同じ確認。
15: a = gmpy2.mpfr('4.0')
16: x1 = [gmpy2.mpfr('0.50001')]
17: print('a: ', a, '   x1[0]: ', x1[0], ' line width:  thin')
18: for i in range(50):
19:   x1.append(a * x1[i] * (1 - x1[i]))
20: n = np.arange(0, 51)
21: x1 = np. array(x1)
22: plt.plot(n, x1, marker ='x', markersize = 7, color = 'k', lw = 2)
23:
24: plt.xlim(0, 50)
25: plt.ylim(0, 1.0)
26: plt.xlabel('n')
27: plt.ylabel('Xn')
28: plt.show()
```

実行結果

```
a: 4.0   x[0]: 0.5   line width: thick
a: 4.0   x[0]: 0.50000999999999999999999999999999999999997   line width: thin
```

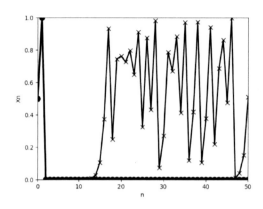

　太い線のグラフ（マーカーは ●）が初期値を $x_0 = 0.5$ にとったときの力学系の振る舞いです。$x_0 = 0.5$ のとき，$x_1 = 1$，$x_2 = x_3 = \ldots = 0$ となります。細い線のグラフ（マーカーは ×）が初期値を $x_0 = 0.50001$ にとったときの力学系の振る舞いです。この図がカオスのバタフライ効果を示しています。

　L3，L14–L16 では，gmpy2 という，多倍長演算をサポートする拡張モジュールをインポートして，128-bit の浮動小数点数を扱っています。初期値が $x_0 = 0.50001$ という微妙な値ですので，n が大きくなると桁落ちで精度が落ちることを避けるために 128–bit で計算しています（後述）。次のプログラムでも gmpy2 を使います。

プログラム 2　　return_map.ipynb　　　　# リターンマップを描く。

```
 1: import matplotlib.pyplot as plt
 2: import numpy as np
 3: import gmpy2
 4:
 5: gmpy2.get_context().precision = 128          # 128 ビット演算。256 ビットでも同じ。
 6: a = gmpy2.mpfr('4.0')
 7: x0 = gmpy2.mpfr('0.50001')
 8: print('a: ', a, '  x0: ', x0)
 9:
10: x = np. arange(0, 50.1, 0.1)
11: y = x
12: plt.plot(x, y, c = 'k', lw = 3)          # y = x の直線を描く
13:
14: x1 = np.arange(0, 100.01, 0.01)
15: y1 = []
16: for xi in x1:
17:   y1.append(a * xi * (1 - xi))
18: y1 = np.array(y1)
19: plt.plot(x1, y1, c = 'k', lw = 3)        # y = ax(1-x)　放物線を描く
20:
21: x2= []
22: x2.append(x0)                            # 初期値 x0
23: for i in range(51):
```

```
24:    x2.append(a * x2[i] * (1 - x2[i]))
25:
26: x3 = []                          # リターンマップの座標の初期化
27: x3.append(x2[0])
28: x3.append(x2[0])
29: y3 = []
30: y3.append(0)
31: for i in x2[1: ]:
32:    x3.append(i)
33:    x3.append(i)
34:    y3.append(i)
35:    y3.append(i)
36: x3.pop()                         # 最後の要素は削除
37: x3 = np.array(x3)
38: y3 = np. array(y3)
39: plt.plot(x3, y3, color = 'red')        # リターンマップを描く
40:
41: plt.xlim(0,1)
42: plt.ylim(0, 1)
43: plt.xlabel('Xn')
44: plt.ylabel('Xn+1')
45: plt.show()
```

実行結果

```
a: 4.0   x0: 0.50000999999999999999999999999999999999997
```

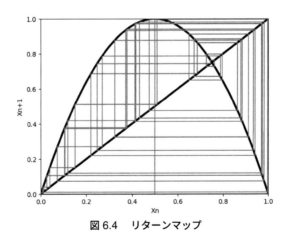

図 6.4   リターンマップ

課題 6.6 ＊

例題 6.2 のロジスティック写像 (6.13) において，横軸に x_n，縦軸に x_{n+1} をとるリターンマッ

プを描け。初期値 x_0 を 0.3 に固定し，a を 0.5, 1.5, 2.5, 3.5, 4.0 にして時系列の特徴を掴む。n は 0〜50 とする。この図には，$x_{n+1} = x_n$ と $x_{n+1} = ax_n(1 - x_n)$ のグラフも描き込むこと。

【Prg】Python での多倍長演算

　Python の浮動小数点数 float 型は 64-bit の倍精度浮動小数点数で，C 言語などのプログラミング言語における double 型に相当します。この float 型では数値計算によっては精度が不足して計算誤差が生じる恐れがあります。そこで，Python には 128-bit（4 倍精度），256-bit（8 倍精度）の多倍長で浮動小数点数を扱えるように，外部ライブラリ Gmpy2 が用意されています [66]。Gmpy2 を使うには !pip install gmpy2 により gmpy2 をインストールしてから，gmpy2 モジュールをインポートします [67]。

　多倍長演算には，標準の decimal モジュールをインポートして使うこともできます。なお，Python には 32-bit の単精度浮動小数点数型はありません。

課題 6.7 ＊

　ロジスティック写像の関数は，漸化式（再帰関係式）である。ロジスティック写像の振る舞いのプログラムを，再帰呼び出しを使って**メモ化再帰**で作成し，n_x_n 図を描け。メモ化しないと，再帰関数の呼び出しに時間がかかることに注意すること [3]。

第**7**章

オブジェクト指向プログラミング（OOP）

本章では，オブジェクト指向プログラミング（OOP，object-oriented programming）の概念を学んで，OOPに基づくプログラムの作成に取り組みます。OOPのコア概念は，クラスの作成と抽象化，再利用，オブジェクトの生成，継承，多態性，カプセル化です。

本章では取り扱いの対象となるトピックスを限定していませんが，第8章ではタートルグラフィックス，第9章ではGUIアプリの作成としてトピックスを一つに絞っています。

7.1　クラスを自作し，モジュール化する

クラスベースの OOP の概要は次のとおりです [3]。

```
Class　クラス名：                    # クラスを定義するヘッダー
    クラス変数 1                      # ブロックでデータ属性とメソッド属性を定義する
    クラス変数 2                      # クラス変数を必要としない場合も多い

    def __init__(self，仮引数の並び)：        # 初期化メソッドの定義
        初期化メソッドのブロック               # インスタンス変数の初期化
            self.変数 の定義と初期化

    def　メソッド 1(self，仮引数の並び)：       # インスタンスメソッド 1 の定義
        メソッド 1 のブロック
    Def　メソッド 2(self，仮引数の並び)：       # インスタンスメソッド 2 の定義
        メソッド 2 のブロック
```

モジュールに収められているクラスからオブジェクトを生成するには

```
オブジェクト ＝ モジュール名.クラス名（実引数の並び）
```

とします。これはクラスをインスタンス化するといい，オブジェクトのことを**インスタンス（instance，実例）**と呼ぶことがあります。クラスはオブジェクトのコンストラクタと呼ばれます（初期化メソッドのことをコンストラクタということもあります）。

　インスタンス化のときに初期化メソッドが呼び出されて，オブジェクトは初期化メソッドの引数 self に代入され，実引数は初期化メソッドの仮引数に代入され，self.変数が初期化されます。このとき，実引数の並びは，初期化メソッドの引数 self を除いた，仮引数の並びに対応させます。

　オブジェクトは，クラスに収められているインスタンス変数をクラスの外から

```
オブジェクト名.インスタンス変数名
```

でアクセスすることができます。これがデータ属性の参照です。また，オブジェクトは，クラスに収められているインスタンスメソッドをクラスの外から

```
オブジェクト名.インスタンスメソッド名（実引数の並び）
```

で呼び出すことができます。これがメソッド属性の参照です。上式によりインスタンスメソッドが初めて実行され，目的とする処理結果が得られます。メソッドの return 文に戻り値があれば，処理結果が返されることになります。メソッドを呼び出すときには，第 1 引数として self

は不要です。なお，オブジェクトに固有のメソッドは通常複数あります。

クラスベースの OOP の手法を簡潔にまとめると，次のようになります。

① クラスを定義し，内部に初期化メソッドやインスタンス変数，インスタンスメソッドを置く。

② クラスを呼び出し，実引数を渡してインスタンス化し，オブジェクトを生成する。オブジェクトは一つのクラスから何個でも生成でき，オブジェクトに名前を付けて区別する。

③ オブジェクトのデータ属性を参照し，メソッドを呼び出して，処理結果を得る。

プログラムの設計では，どのようなクラス，変数，メソッドが必要かを考え，それらの名前と内容を定めます。

例題 7.1

クラスを定義して BMI（Body Mass Index）を求めるプログラムを作成する。

【ヒント】

上記の OOP の手法 に従ってプログラムを作成すればよい。BMI の計算式は

$$BMI = 体重 \div (身長 \times 身長)$$

ここで，体重は kg，身長は日常的には cm 単位で測られることが多いので，プログラムでは入力は cm，計算は m に変換して行います。

プログラム　bmi_class.ipynb

```
 1: class MyBody:                         #　① クラスの定義
 2:   def __init__(self, ht, wt):         # 初期化メソッドの定義
 3:     self.height = ht                  # インスタンス変数の初期化
 4:     self.weight = wt
 5:   def bmi(self):                      # メソッドの定義
 6:     bmi = self.weight /(self.height * self.height)     # BMI の計算
 7:     return bmi                        # 計算結果を返す
 8:
 9: ht = float(input(' 身長 (cm) を入力してください:')) / 100
10: wt = float(input(' 体重 (kg) を入力してください:'))
11: mybody = MyBody(ht, wt)              #　② オブジェクトの生成
12: print(' クラス:', type(mybody))
13: BMI = mybody.bmi()                   #　③ メソッド属性の参照。
14: print('BMI: ', round(BMI, 1))        # 計算結果の出力
15: print(' データ属性:', mybody.height)   # データ属性の参照
16: print(' データ属性:', mybody.weight)
```

OOP の概要とプログラム例，実行結果とをよく対応させて，OOP の手法の理解を深めてください。

【Prg】複素数型／クラス complex の取り扱い

Python には，組込み型の数値型として複素数型 complex があります。Python では型とクラスは区別しませんので，complex を組み込み型のクラスと考えてかまいません。複素数型の

オブジェクトは，実部＋虚部jで表します。ここで，虚数単位は i でなく j であること，虚部の数と j との間には空白を入れずに書くこと注意してください。たとえば，1j と書けば複素数ですが，j あるいは，j1 と書けば，変数名となります。1-j と書けばエラーとなります。

　複素数オブジェクトはリテラルで，たとえば，

```
z = 2+3j            # ＋の前後に空白をいれてもよい
```

と書いてもよいのですが，コンストラクタ complex() を使って，複素数を得ることもできます。complex(実部, 虚部) と指定して，たとえば，

```
z = complex(2, 3)        # (2+3j)
```

あるいは

```
z = complex('2+3j')        # 文字列の引数では，±の符号の前後に空白を入れないこと
```

とします。z は複素数オブジェクトですから，z はデータ属性とメソッド属性を持っています。実部と虚部はそれぞれデータ属性 real, imag にアクセスして取得できます。

```
z.real            # float 型の実部を取得。z = 2 + 3j の場合, 2.0
z.imag            # float 型の実部を取得。z = 2 + 3j の場合, 3.0
```

実部，虚部の値は float 型で取得されますので，小数点が付きます。また，複素数オブジェクトは共役な複素数を取得する conjugate() メソッドをもっています。たとえば，

```
z.conjugate()        # (2-3j) 共役複素数
```

絶対値を得るには，組み込み関数 abs() を使います。

```
abs(z)            # 3.605551275463989
```

複素数の関数を使いたいときに cmath モジュールをインポートします。

```
import cmath
cmath.sqrt(z)        # (1.6741492280355401+0.8959774761298381j)
```

例題 7.2 ＊
　複素数の絶対値，およびその共役複素数を求めるプログラムをクラス MyComplex を定義して

作成する。複素数 $x = a + bj$ は，2次元ベクトルとして (a，b) とタプルで表すことでよい。

プログラム　complex_num.ipynb

```
 1: import math
 2: class MyComplex:                   # クラスの定義
 3:   def __init__(self, real_part, imag_part):
 4:     self.r = real_part
 5:     self.i = imag_part
 6:   def com_abs(self):
 7:     return math.sqrt(self.r * self.r + self.i * self.i)
 8:   def com_conj(self):
 9:     return (self.r, -self.i)
10: a = float(input(' Enter a real part of a complex number: '))
11: b = float(input(' Enter an imaginary part of a compkex number: '))
12: x = MyComplex(a, b)                # 複素数オブジェクト x の生成
13: print(' 複素数：', (x.r, x.i))        # (実部，虚部)
14: print(' 絶対値：', x.com_abs())
15: print(' 共役複素数：', x.com_conj())
```

課題 7.1

成人の BMI，標準体重（standard weight, 適正体重），肥満度（degree of obesity）をクラス定義してモジュール化して求めよ。計算式は，体重は kg，身長は m で測り，次となる。

標準体重 sw = 身長 × 身長 × 22

肥満度 dod = $100 \times$ (実測体重 − 標準体重) ÷ 標準体重

課題 7.2

ユークリッドの互除法により，二つの正整数の最大公約数（GCD）を求めるプログラムをクラス class GcdEuclid 定義して作成せよ（例題 3.1 参照）。

課題 7.3

課題 7.2 のクラスをモジュール化するプログラムを作成せよ。

課題 7.4

2次方程式 $ax^2 + bx + c = 0$ の解を，クラスをモジュールにして求めよ。

課題 7.5

フィボナッチ数列を，クラスを定義して求めよ。

課題 7.6

後置記法の数式をスタック計算する課題 5.13 のプログラムを，クラスを定義するプログラム
に改作せよ。

課題 7.7 ∗

中置記法の数式を入力したら，これを後置記法の数式に変換し，さらに四則演算の結果を出力
するプログラムを作成せよ。クラスを定義し，モジュール化すること。途中経過の出力は必要と
しない。

課題 7.8 ∗

ある学科の 5 人の学生について，英語 Eng，数学 Math，国語 Jpn の試験の成績が下記の
CSV ファイル（カンマで区切られた半角英数字の文字列データ）で与えられている。試験の合
格とは 60 点以上とする。このとき，英語，国語，数学のそれぞれの合格者の数を求めるプログ
ラムをクラスを用いて作成せよ。PASS_SCORE = 60 をクラス定数として， PASS_SCORE 以上
を合格とする。

CSV ファイル test_score5.csv

```
no.,name,Eng,Math,Jpn
n1,A.B,83,80,85.0
n2,C.D,71,94,82.0
n3,E.F,56,48,68.0
n4,G.H,74,68,78.0
n5,I.J,72,58,77.0
```

ここで，学籍番号と氏名は略記。点数の数字は，整数と実数（小数点あり）を含む。
【ヒント】
　test_score5.csv のデータを，英語 e，数学 m，国語 j の科目別のデータに変換する関数
emjdata5() を作ります。これをモジュールファイル get_emjdata5.py とします。
　合格者は，英語 e，数学 m，国語 j の順で，リストで表すと [4，3，5] となります。

課題 7.9

銀行口座を作って，預け入れと引き出しを繰り返し，預入額と引出額，残高を確認するプログ
ラムを作成せよ。class BankAccount を定義し，預け入れと引き出しのメソッドを定義する
こと。処理の終了は，預入額あるいは引出額として 0 円を入力したときとする。

7.2 継承（inheritance）と多態性（polymorphism）

継承とは，既存のクラスの変数とメソッドを引き継いで別の新しいクラスを作ることです。既存のクラスのことを基底／スーパー／親クラス，新しいクラスを派生／サブ／子クラスといいます。派生クラスでは，基底クラスのメソッドを継承して使うことができますが，ときには，そのメソッドを書き換えたい場合があります。そのような場合には，派生クラスにおいても同じ名前のメソッドを定義することで，メソッドを上書きすることができます。継承では，基底クラスのメソッドを派生クラスで上書きすることにより，同じ名前のメソッドで機能の異なる振る舞い（多態性）を実現することができるのです。継承は親クラスを再利用してプログラムの作成効率と信頼性を高めます。多態性はクラスの再利用性をさらに高めます [3]。

例題 7.3

Matplotlib ライブラリを使って散布図を描くプログラムを，クラスを定義して継承の考え方で作成する。基底クラスを class Data として初期化メソッドのみを定義する。派生クラスを class Plot(Data) として，散布図を描くメソッドを定義する。データは次のリストで与えられている。

```
x = [83, 79.5, 50, 68, 72, 60.5, 90, 85, 55, 95]      # x 座標の値
y = [85, 74, 55, 72.5, 64, 60, 81, 77, 63.5, 90]      # y 座標の値
```

プログラム　plot_inherit.ipynb

```
 1: class Data:                             # 基底（親）クラス
 2:   def __init__(self, x, y):            # 初期化メソッド
 3:     self.x = x                         # x, y はリストでも OK
 4:     self.y = y
 5:
 6: import matplotlib.pyplot as plt
 7: class Plot(Data):                       # 派生（子）クラス。Data は親クラス名
 8:   def draw_scatter(self):
 9:     plt.plot(self.x, self.y, 'o')       # 散布図を描く
10:     plt.show()
11:
12: x = [83, 79.5, 50, 68, 72, 60.5, 90, 85, 55, 95]
13: y = [85, 74, 55, 72.5, 64, 60, 81, 77, 63.5, 90]
14: scatter_xy = Plot(x, y)          # Plot オブジェクト scatter_xy の生成
15: scatter_xy.draw_scatter()        # メソッド draw_scattern の呼び出し
```

L7 で派生クラス class Plot(Data) を定義しています。引き数として基底クラスのクラス名 Data を渡して，基底クラスを継承していることを明示します。L7 の派生クラスの定義には初期化メソッドを必要としません。この場合には，基底クラスの定義にある初期化メソッドを使うからです。このように，派生クラスでは基底クラスの変数や初期化メソッド，インスタンスメソッ

ドをそのまま，あるいは一部変更して使うことができ，さらに新たに変数やメソッドを定義して使うことができます。

例題 7.4

　成人の BMI，標準体重（SW），肥満度（DOD）を計算するプログラムを，クラス HeightWeight，SW，DOD，BMI を定義して，これをさらに継承の考え方でプログラミングする。

プログラム　calc_body_index.ipynb

```
 1: class HeightWeight:                          # 親クラス，大本の基底クラスの定義
 2:   def __init__(self, height, weight):    # 基本（汎用）データの初期化
 3:     self.height = height
 4:     self.weight = weight
 5: class SW(HeightWeight):                   # HeightWeight を親とする子クラスの定義
 6:   def calc_sw(self):
 7:     sw =(self.height * self.height) * 22
 8:     return round(sw, 1)
 9: class DOD(SW):                            # SW を親とする子クラスの定義
10:   def calc_dod(self):
11:     dod = (self.weight - super().calc_sw()) / super().calc_sw() * 100
12:     return round(dod, 1)
13: class BMI(HeightWeight):                  # HeightWeight を親とする子クラス
14:   def calc_bmi(self):
15:     bmi = self.weight / (self.height * self.height)
16:     return round(bmi, 1)
17:
18: # プログラム本体（クラスの外）
19: height = float(input(' 身長 (cm)：')) / 100        # メートル m に変換
20: weight = float(input(' 体重 (kg)：'))
21: HeightWeight(height, weight)
22: mysw = SW(height, weight)                          # オブジェクトの生成
23: sw = mysw.calc_sw()
24: print(' 標準体重 (kg) Standard Weight：', sw)
25: mydod = DOD(height, weight)                        # オブジェクトの生成
26: dod = mydod.calc_dod()
27: print(' 肥満度 (%) Degree of Obesity：', dod)
28: mybmi = BMI(height, weight)                        # オブジェクトの生成
29: bmi = mybmi.calc_bmi()
30: print(' ボディマス指数 BMI：', bmi)
31: print(mybmi.height)          # 子クラスのオブジェクトが親クラスの変数を呼び出す
32: print(mydod.calc_sw())       # 子クラスのオブジェクトが親クラスのメソッドを呼び出す
```

　このプログラムでは四つのクラスを定義しています（L1，L5，L9，L13）。クラスの基底 − 派生（親 − 子）関係に注意してください。L5，L9，L13 は，いずれも派生クラスとなっています。派生クラスの引数は基底クラス名とすることに注意。L1 の基本となる基底クラスでは，初期化メソッドでインスタンス変数 height，weight を定義しています。この二つの変数を使っ

て何を求めるかといえば，L5 のクラスで標準体重，L9 のクラスで肥満度，L13 のクラスで BMI
です。L5，L9，L13 のクラスではインスタンスメソッドを追加するだけで，初期化メソッドが
ありません。この場合には，L1 のおおもとの基底クラスにある初期化メソッドを使います。

L9 のクラスは SW クラスを継承しています。そして，L11 で，SW クラスのメソッドを
super().calc_sw() で呼び出しています。これは派生クラス内からその基底クラスのメソッ
ドを呼び出す場合ですから，super(). を必要とします。

クラスの外では，派生クラスのオブジェクトは，基底クラスのインスタンス変数やメソッドを
呼び出すことができます。たとえば，L31 の mybmi.height，L32 の mydod.calc_sw()。こ
の場合は super(). を必要としません。

なお，L5，L9，L13 のクラス名はすべて大文字として分かりやすさを優先させていいます。

例題 7.5 ＊

親クラスを**抽象クラス**で定義し，これを継承する子クラスのプログラムを作成し**ポリモーフィ
ズム（多態性）**を実現する。例として，親クラスでは抽象クラスとして面積を求めるメソッドを
抽象的に定義する。次に，円，正方形，三角形の面積を求める，親クラスを継承する子クラスを
具象的に定義し，その中で親クラスと同名のメソッドを定義して，実際にそれぞれの面積を求
める。

プログラム　abst_class.ipynb

```
 1: import math                              # 定数 pi を使うので
 2: import abc                               # abc モジュールのインポート
 3: class Shape(metaclass = abc.ABCMeta):    # 親クラス，抽象クラスの定義
 4:    @abc.abstractmethod                    # デコレータ（decorator）
 5:    def area(self):                        # 抽象メソッドの定義
 6:        pass                               # 抽象メソッドであるから，中身はない
 7: class Circle(Shape):                      # 子クラス Circle。親クラス Shape を継承
 8:    def __init__(self, radius):
 9:        self.radius = radius
10:    def area(self):                        # 実際に円の面積を求めるメソッドの定義
11:        return round(math.pi * self.radius ** 2, 2)
12: class Square(Shape):                      # 子クラス Square。親クラス Shape を継承
13:    def __init__(self, length):
14:        self.length = length
15:    def area(self):                        # 実際に正方形の面積を求めるメソッドの定義
16:        return round(self.length ** 2, 2)
17: class Triangle(Shape):                    # 子クラス Triangle。親クラス Shape を継承
18:    def __init__(self, base, height):
19:        self.base = base
20:        self.height = height
21:    def area(self):                        # 実際に三角形の面積を求めるメソッドの定義
22:        return round(0.5 * self.base * self.height, 2)
23:
24: # メインプログラム
25: radius = float(input('Enter a radius: '))
26: circle = Circle(radius)                           # オブジェクトの生成
```

```
27: length = float(input('Enter a lenght: '))
28: square = Square(length)                    # オブジェクトの生成
29: base, height = map(float,
30:                    input('Enter a base & a height with a spce: ').split())
31: triangle = Triangle(base, height)          # オブジェクトの生成
32: for shape in [circle, square, triangle]:   # リストの要素はオブジェクト
33:   print(type(shape), 'Area of the shape: ', shape.area())
```

　クラス Shape は抽象的で一般的な名前で，クラス Circle, Square, Triangle は，具体的で個別的な名前であることが分かります。すなわち，同じクラスでも**抽象化のレベル**が異なっています。

　L2 で，抽象クラスを利用するために，標準モジュールである abc(abstract base class) をインポートしています。

　L3〜L6 で抽象クラス clas Shape を定義しています。metaclass = abc.ABCMeta は，抽象クラスを定義するために，metaclass パラメータを使用しますが，値 abc.ABCMeta を代入しています。

　抽象クラスは，オブジェクトを生成することができないクラスですから，メソッド area() は，ブロックが pass となっています。pass 文は，文法上の必要から置いているだけで何も実行することがないときに使います。ということで，抽象クラスのメソッド area() は実装のない抽象メソッドです。@abstractmethod は，抽象メソッドを定義するために，メソッドの前に付ける**デコレータ（decorator）**といわれるものです。ここのあたりのコードは，今の段階ではこのように書くものと理解しておくだけでよいと思われますが，親クラスの抽象クラスで抽象メソッドを定義することにより，子クラスではこのメソッドの実装が強制されることをしっかり覚えておいてください。L10 と L11，L15 と L16，L21 と L22 の実装のあるメソッド area() の定義をよく見てください。

　L32 では for 文の繰り返しで順に circle.area(), square.area(), triangle.area() が取り出され，オブジェクトは異なりますが，同名のメソッド area() を呼び出してそれぞれの面積を求めるポリモーフィズムが実現されています。

　実は，今の場合，L2 と L4 を削除し，L3 は class Shape: としても，親クラスは子クラスに継承されて，ポリモーフィズムは可能で，それぞれの面積は求まります。さらに，class Shape を削除し，子クラスでの継承をなくしても，ポリモーフィズム自体は可能で，それぞれの面積は求まります。

　それでは，なぜ抽象クラスをわざわざ用いるのでしょうか。その理由として，共通のインターフェースを意識的に強制し，それを実装させることで，プログラムの構造化や可読性，再利用性を向上させることが挙げられます。たとえば，上のプログラムに台形や扇形の面積を求めるクラスを追加することを考えてみてください。抽象クラスの親クラスで抽象メソッドを定義することで，それを継承する子クラスが共通のインターフェースを持つことが強制され，異なるクラスが同じメソッド名を持ち，同じように使えるポリモーフィズムがいっそう明確になります。

課題 7.10

円の半径を r とし，円の面積を求めるクラスを基底クラスとして，高さ h の円柱と円錐の体積を求めるクラスをそれぞれ派生クラスとするプログラムを作成せよ。

課題 7.11

パソコンなどのディスプレイの大きさは，画面の対角線の長さ（インチ）とアスペクト比（画面の横幅と縦の高さの比）から知ることができる。両者が与えられたとして，ディスプレイの横（mm）と縦（mm）と面積（cm^2）を求めるプログラムを基底クラス，派生クラスを定義して作成せよ。インスタンスの一例は，対角線の長さ 12.9 インチ，アスペクト比 4:3 とする。なお，1 インチは 25.4 mm で，これをクラス定数とする。

課題 7.12 ✳

組み込みの str クラスを継承する派生クラス Pangram(str) を定義するプログラムを作成せよ。派生クラスで追加するメソッド count_letters(self) では，英文がパングラムであるかどうかを確認する flag をたて，パングラムであれば True を出力する。さらに，派生クラスのオブジェクトが，基底クラスである str クラスのメソッドを呼び出す例を入れる。

【ヒント】

パングラムとは，すべての英文字 26 個を使って，意味のある文を作る言葉遊びです。同じ文字を複数回使用してもよいが，より短い文が優れているとされています。

str クラスのオブジェクトの生成する式は，たとえば，次式となります。

```
stringx = str('text')      # str() は文字列を生成するコンストラクタ
```

派生クラスの定義は，引数にクラス名 str を渡して

```
class Pangram(str):      # 派生クラスには初期化メソッドは定義しない
def count_letters(self)   # 追加するメソッド
```

このメソッドでは，辞書を作り，キーをアルファベットの各文字とし，値を文字が使われた回数とします。辞書のキーには重複が許されないので，すべての文字 26 が使われたかどうかは辞書のサイズから分かります。

```
sentence = Pangram(' パングラムの文')        # 派生クラスを呼び出す
```

基底クラス str() が使われて，文字列オブジェクト sentence が生成されます。

課題 7.13

抽象化のレベルの異なるクラスを定義する。定番の例に，抽象クラスに動物，具象クラスにイヌ，ネコなどの具体的な動物を定義することがある。ここでは，親クラスの抽象クラスとして class Animal, 抽象メソッドとして make_cry() を定義し，親クラスを継承する子クラスは，class Dog(Animal), class Cat(Animal), イヌとネコの鳴き声を'Bowwow', 'Miaow' とする make_cry() メソッドを定義して，プログラムを作成せよ。

7.3 クラスのオブジェクト同士の相互作用

OOP におけるオブジェクト同士の相互作用とは，異なるクラスのオブジェクトがメソッド呼び出しを通じて協力して問題を解決することを指します。本節では，簡単な例で，このオブジェクト同士の相互作用を理解します。

例題 7.6 ✳

データの散布図を描くプログラムをオブジェクト同士の相互作用という考え方で作成する。二つのクラス class Data と class Plot を定義して，class Data には初期化メソッド，class Plot には draw_scatter メソッドを用意する。ここでのオブジェクト同士の相互作用とは，class Plot のオブジェクト scatter_xy が draw_scatter メソッドを呼び出すときに，class Data のオブジェクトを引数として渡すことで，データ x と y を得て散布図を描くというものである。

プログラム　plot_obj_inter.ipynb

```
 1: class Data:                        # クラス Data の定義
 2:   def __init__(self, x, y):        # x, y はリスト
 3:     self.x = x
 4:     self.y = y
 5:
 6: import matplotlib.pyplot as plt
 7: class Plot:                        # クラス Plot の定義
 8:   def draw_scatter(self, data):    # 散布図をプロット
 9:     plt.plot(data.x, data.y, 'o')
10:     plt.show()
11:
12: x = [83, 79.5, 50, 68, 72, 60.5, 90, 85, 55, 95]
13: y = [85, 74, 55, 72.5, 64, 60, 81, 77, 63.5, 90]
14: data = Data(x, y)                  # Data オブジェクト data の生成
15: scatter = Plot()                   # Plot オブジェクト scatter_xy の生成
16: scatter.draw_scatter(data)         # 引数は data オブジェクト
```

例題 7.3 では親と子のクラスが継承という形で結び付けられていますが，この例題では L16 にみるように，クラスから生成された二つのオブジェクトがメソッド呼び出しを介して相互作用

しています。オブジェクト data はドット演算子を使ってデータ属性，data.x と data.y にアクセスできます。

課題 7.14 ∗

あるメッセージを出力するプログラムをクラスのオブジェクト同士の相互作用という考え方で作成する。たとえば，ある人物がある品種のある名前のネコに餌を与えるとネコがニャーと鳴くというメッセージを出力することを考える。これを OOP で二つのクラス class PetOwner，class Cat を定義して，それぞれのオブジェクトを生成して，メッセージメソッドと鳴き声メソッドを呼び出して，メッセージを発信するプログラムとして作成せよ。

【ヒント】

たとえば，データ属性は，人物名を John とし，猫の名前は Luna，品種 breed を American Shorthair とします。メッセージは

```
John feeds his cat Luna, American Shorthair. Meow!
```

とします。ここで，Meow! は猫の鳴き声です。

第8章

タートルグラフィックス（TG）のOOP

オブジェクト指向プログラミング（OOP）の基本的な文法を学んだら，OOPが威力を発揮する，アニメやゲーム，GUI（Graphical User Interface）アプリなどの平易な作成例について学ぶことが欠かせません。文法を苦労して学んでも，ここまでやっておかないとOOPの有効性が実感できないからです。

本章では，AncondaのJupyter Notebookを使用して，タートルグラフィックス（Turtle Graphics, TG）のOOPを取り上げます。本章で学ぶクラスからのオブジェクトの生成やイベント駆動処理が，次章のGUIアプリのOOPにおいて本格的な形で出てきますので，本章で準備学習をしておくのです。

8.1　はじめに

　Python には Tkinter ライブラリに標準モジュールとして **turtle モジュール**が用意されていて，タートルグラフィックス（TG）は手続き指向プログラミング（procedural-oriented programming, POP）と OOP の両方の方法でできます [3]。POP での関数は，OOP ではメソッドとなります。TG_POP，TG_OOP のいずれの方法でも，TG の亀さんが動き回るウィンドウ（キャンバス）は，Jupyter Notebook のセルが置かれている画面とは別に作られます。

　turtle モジュールはグラフィックスの基礎として Tkinter を使っていますが，POP では Tkinter を意識しなくてもよいようになっています。たとえば，亀さんが作図するキャンバスは自動的に作られます。他方，OOP では Tkinter を明示的とはいえませんが意識してキャンバスを作り，亀さんの動きをマウスのクリックで**イベント駆動**することができます。

【Prg】Anconda の Jupyter Notebook の使用

　タートルグラフィックスで Anaconda を用いる理由は，Tkinter がクラウド上の Colab では使えませんが，クライアント上で動作する Anaconda では使えるからです。

　Anaconda の Jupyter Notebook では，作図を実行する Run アイコンのクリック，あるいは Ctrl/Enter する前に，次の操作をします。

・ エラーが起きている場合には，エラーメッセージは読解後にはクリアします。
　 ツールバー　Cell→Current Outputs→Clear
・ 新しく描画する場合には，その前の描画をクリアしてから作図するようにします。
　 ツールバー Kernel→Restart & Clear output→Restart and Clear All Ooutputs

あるいは，Kernel の右下のアイコンをクリックして Restart（再スタート）させます。

【Prg】Tkinter を用いた GUI プログラミングと Turtle Graphics との関係

　Tkinter は GUI を構築・操作するための標準ライブラリで，tkinter や tkinter.ttk モジュールなどから構成されます。Tkinter を用いることで，メニュー，エントリー，ボタンなどの部品（ウィジェット）を備えた本格的な GUI アプリを作成できます。

　turtle モジュールは，Tkinter の上に構築されていて，Tkinter の基本的な仕組みや機能を裏で利用して，主に描画やアニメーションなどのグラフィックスに使えるように，また子どもたちが容易にグラフィックスを学べることに特化した標準の GUI モジュールです。turtle モジュールのメソッドは，Tkinter ライブラリのメソッドを利用していますので，turtle モジュールにも GUI ウィンドウを作成することやイベントを利用するメソッドが用意されています。

8.2　TG_POP と TG_OOP

　タートルグラフィックスでは，TG_POP であれ，TG_OOP であれ，プログラミングして亀

さんに作図させなければ，課題解決とはなりません。

例題 8.1

TG_POP で，一辺の長さ 200 の正方形を作図する。

プログラム draw_square_pop.ipynb

```
1: import turtle                      # turtle モジュールのインポート
2: def draw_square():
3:     for i in range(4):             # Anaconda は字下げは 4 個の空白を推奨
4:         turtle.forward(200)        # ウィンドウを表示
5:         turtle.left(90)
6:
7: draw_square()
8. turtle.done()        # done() は tutle モジュールのメソッド。プログラムの終了を待機
```

L4，L5，L7 では turtle モジュールの関数を呼び出しています。L4 で関数を呼び出すと，亀さんが正方形を画くウィンドウ（キャンバス）が自動的に作られ，そのタイトルが Python Turtle Graphics となっていることを確認してください。また，このプログラムではペンの制御はデフォルトですので，ペンの制御の関数を呼び出していません。L8 のコードは，プログラムの最後に置きます。turtle.done() は，描画が終わった後にウィンドウを開いたままにする役割を果たしますので，ユーザーが手動でウィンドウを閉じるまでプログラムは終了しません。

次からは TG_OOP に入ります。OOP のクラスとオブジェクト，メソッドの作り方と使い方を思い出してください。TG_OOP でも，turtle モジュールをインポートします。turtle モジュールにあるクラスで，主に使うのは次の二つです（詳細は公式ドキュメントの turtle 参照）。

Screen クラス

この Screen クラスからグラフィックス・ウィンドウ（画面）オブジェクトを作ります。たとえば，

```
screen = turtle.Screen()
```

とします。オブジェクト名としては screen や canvas，win などが用いられます。Screen クラスには，亀さんに描画させる領域を設定するメソッドやウィンドウに名前を付けるメソッド，ウィンドウの背景色などを制御するメソッド，スクリーンイベントを利用するメソッドなどがあります。Screen クラスを用いない場合には，ウィンドウはデフォルトで作られます。

Turtle クラス

この Turtle クラスから亀さんオブジェクトを生成します。たとえば，

189

```
kameo = turtle.Turtle()
```

とします。生成するオブジェクトに名前を付けることで，複数の亀さんオブジェクトを登場させて，それらを区別できます。Turtle クラスには，亀さんの描画や移動に関するメソッドや，ペンの上げ下げや色などの描画を制御するメソッド，イベントを利用するメソッドなどがあります。

例題 8.2

TG_OOP で，一辺の長さ 200 の正方形を作図する。

【ヒント】

TG_OOP では，Tkinter の Screen クラスを呼び出してウィンドウオブジェクトを作り，Turtle クラスを呼びだして亀さんのオブジェクトを作ります。

プログラム　draw_square_oop.ipynb

```
 1: import turtle                          # turtle モジュールのインポート
 2: def draw_square():                      # 正方形を描く関数の定義
 3:     for i in range(4):
 4:         kameo.forward(200)              # 亀さんオブジェクトへの動きの指示
 5:         kameo.left(90)
 6:
 7: screen = turtle.Screen()                # ウィンドウ (screen) オブジェクトの作成
 8: screen.setup(600, 600)
 9: screen.title('My Turtle Graphics')
10: kameo = turtle.Turtle()                 # 亀さんのオブジェクトの作成
11: kameo.shape('turtle')
12: draw_square()                           # 関数呼び出し
13: screen.mainloop()
```

L7〜L9 で，亀さんが動き回るスクリーン（舞台）を設定しています。L7 は，turtle モジュールの Screen クラスを呼び出してウィンドウオブジェクトを作っています。L8 でメソッド setup を使って screen の大きさを設定し，L9 でメソッド title を使って screen に独自のタイトルを付けています。

L10 は，turtle モジュールの Turtle クラスを呼び出して亀さんオブジェクトを作っていますが，kameo という名前を付けています。L12 で関数 draw_square() を呼び出して，L4，L5 で，メソッドを使って kameo に前進と左向きの動きの指示を出しています。

L13 のメソッド mainloop() は，プログラムの最後に置きます。Tkiner の main loop function を呼び出し，メインイベントループを開始し，ウィンドウが閉じられるまでプログラムを実行し続け，イベントの発生を待ち受けています。上のプログラムではイベントの発生はありませんから，ループを繰り返して画面を表示し続けますので，画面は手動で閉じてください。

課題 8.1

TG_POP で，星形（Star）を作図せよ。

課題 8.2

TG_OOP で，原点を始点とする，辺の長さの異なる正方形を描くプログラムを，再帰呼び出しを使って作成せよ。たとえば，辺の長さを 10 ずつ増分していく。

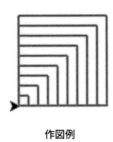

作図例

課題 8.3

TG_OOP で，螺旋を描くプログラムを，再帰関数を使って作成せよ。

課題 8.4

TG_OOP で，原点を始点とする，半径と色の異なる円を描く。最小の円の半径を r = 30 として，+10 増分して円を描け。ペンの色は，虹の長波長から短波長の順に，次の七色とすること。

```
colors = ['red', 'orange', 'yellow', 'green', 'blue', 'indigo', 'violet']
```

pensize(3) とすれば，色の判別が容易となる。

課題 8.5

TG_OOP で，半円の虹を作図せよ。クラスを使うプログラムを作成することとし，Rainbow クラスとメソッドを定義すること。
【ヒント】
虹は red が最外側で，violet が最内側の半円状の帯となります。半円の半径は，初期値をたとえば radius = 100 にして，順次 10 ずつ減らしていきます。色の帯の幅は decrease よりも +1 か，+2 ぐらい広くとるとよい。

課題 8.6

TG_OOP で日章旗を作図せよ。

【ヒント】

日章旗については,規格により,旗の縦の辺は,横の辺の 3 分の 2,円の直径は旗の縦の辺の 5 分の 3,円の中心が旗の中心になるように配します。この作図では,塗りつぶしが必要となります。メソッド begin_fill(),end_fill() を使います。

課題 8.7

TG-OOP でフランス国旗を作図せよ。国旗は,憲法に「青・白・赤の 3 色旗である」と規定されているが,細かい色調・寸法などデザインについての定めはない [68]。

8.3 TG_OOP におけるイベント処理

main loop function を呼び出す mainloop() は,ウィンドウ上でのマウスクリックやキー入力などのイベントを検知し,対応するイベント処理関数を呼び出し,描画を開始します。これを**イベント駆動型**(event-driven)の処理といいます [3]。次に,イベント駆動型の簡単なプログラムを作成します。

例題 8.3 ＊

TG_OOP で,一辺の長さ 200 の正方形を作図する。亀さんの背中をマウスの左ボタンでクリックすると,作図を開始するようにする。

プログラム draw_square_event.ipynb

```
 1: import turtle                              # turtle モジュールのインポート
 2: def draw_square(x, y):                      # イベントハンドラーの定義
 3:     for i in range(4):
 4:         kameo.forward(200)
 5:         kameo.left(90)
 6:
 7: screen = turtle.Screen()                    # screen オブジェクトの生成
 8: screen.setup(600, 600)
 9: screen.title('My Turtle On-Click Graphics')  # タイトルを設定
10: kameo = turtle.Turtle('turtle')             # kameo オブジェクトの生成
11: kameo.pensize(3)
12: kameo.pencolor('blue')
13: kameo.onclick(draw_square)           # マウス左ボタンのクリックで描画を開始
14: screen.mainloop()
```

例題 8.2 とのコードの違いに注意します。L2 がイベント処理関数(イベントハンドラー)です。L10 では,Turtle クラスに'turtle' という引数を渡して,オブジェクト kameo を作っ

ています。これにより，`kameo.shape('turtle')` というコードが省けます。

　L13 で kameo の背中をマウスの左ボタンでクリックするとイベントが発生し，L2 のイベントハンドラーが呼び出され，描画が始まります。イベントハンドラーの引数は x, y としていますが，これはクリックされた点の座標となります。メソッド `onclick()` の引数には，イベントハンドラーの関数名のみを書きます。L14 で，イベントの待ち受け状態を作っていますので，イベントを発生させれば，何度でも正方形を描画します。

課題 8.8

　一辺の長さ 200 の正方形を TG_OOP で作図せよ。2 匹の亀さん kameo と kamea をスクリーンの原点に登場させ，スクリーンのどこかをマウスでクリックしたとき，亀さんが作図を開始するようにすること。ただし，kameo は左回り，kaea は右回りとする。
【ヒント】
　クラス `Turtle()` から kameo と kamea の二つのオブジェクトを作成して，それらをスクリーン上で動かす指示をメソッドで与えます。`pencolor` は異なる色とするとよい。スクリーン上でイベントを発生させるには，マウスの左ボタンをクリックする `screen.onscreenclick(draw_square)` を使います。ここで，`draw_square` はイベントハンドラーの関数名です。

課題 8.9

　TG_OOP により，簡単なアニメーションを作成する。亀さんオブジェクト kameo と kamea を生成し，原点を起点として，半径 100 の円柱の周りを，kameo は左回りで kamea は右回りで移動し，半周して出会うまでの軌跡を描け。亀さんの動きは，`onscreenclick()` とする。2 匹の亀さんの運動の開始点を少しずらせることにする。

【Eng】OOP の背後にある英語の視点

　英語の視点は，岩谷 宏さんの次の文章に明確に捉えられています。"ものごとを抽象化・理念化＝「物」化してとらえる思考（＆志向）は英語（等欧米語）の本性である。「物」と「物」のさまざまな「組み合わせ」としてものごとをとらえ，あるいは構成していく思考は，機械，機械文明に最も端的に現れている"[69]。OOP 言語がこの英語の発想を受け継いでいることを日本語話者はまず知っておかねばなりません。

　また，シェークスピア劇に「All the world's a stage.」というセリフがあります。世界は抽象的な空間であって，そこに「物」の「動作」という "演技" が行われている，というのです。英語世界は「物」（オブジェクト）を舞台に載せて回っていますので，OOP では All the objects are put on a stage. となります。ということで，プログラミングでは常に，オブジェクトが活動する舞台を頭の中にセッティングすることを意識してください。

8.4　TG_OOP でフラクタル図形を描く

　タートルグラフィックスを使うことで，さまざまな自己相似の**パターン**をもつ**フラクタル（fractal）**図形を描くことができます。パターンがあることから，プログラム的には**再帰呼び出し**が使えます [3][51]。ここでは，プログラミングしてはじめて精緻なフラクタル図形が確認できることに注意してください。

例題 8.4 ＊
　TG_OOP で**樹木曲線**の**フラクタル図形**を描くテストプログラムを作成する。再帰呼び出しを使うこと。
【ヒント】
　樹木曲線のフラクタル図形を亀さんに描かせるためには，樹木の生長を**モデル化**することが必要です。モデル化では，幹（枝）のみを取り上げ，葉は無視して，描画のためのパラメータを設定します。

・ 最初に開始点を決めて，ある長さ（length）の 1 本の垂直な線分を亀さんに描かせ，これを作図のベースとなる幹とします。これを order0 の描画と呼びます。樹木は，幹の先端で等しい長さの二本の枝に分枝することで生長を実現します。order1 の図形は，1 回目の分岐が起きたときのものです。このように分枝が起きると，order が +1 増えます（下図）。樹木の生長はこの分枝の繰り返しとなりますが，分枝はあらかじめ決めた order で打ち切りとなり，亀さんは前進を停止します。
・ 分枝の長さは，元の枝の長さよりも短くなるとして，元の枝の長さに短縮率 rate を掛けたものとします（元の長さから一定の長さを引くやり方もあります）。
・ 分枝の角度 angle は，分枝が分枝点で元の枝を軸として Y 字型に対称に分かれる，二分木となるように決めます。
・ ある枝の分枝で亀さんの前進が停止すると，次にもう一つの分枝を描くことになりますが，一匹の亀さんによる描画ですから，亀さんをこんどは後退させなければなりません。亀さんの前進と後退を考えると 分枝点での向きは，rgight(angle)，left(angle*2) となります。
・ 多数の分枝を描画するためには亀さんに左右の向きの変更・前進・後退を繰り返させますが，描画は亀さんが開始点に後退で戻ることで完了となります。
・ 枝の繁茂の様子は，rate と order の設定で変わります。rate が 1 に近く，order が大きいほど樹木は繁茂します。
・ 亀さんの向きの変更・前進・後退を観察するために，始めは描画の速度を最低にし，order を小さな数とします。
・ この order という変数を使って描画を進めることは，他のフラクタル図形の描画にも使え，これにより自己相似の図形が段階的に形成されていく様子を観察することができます。

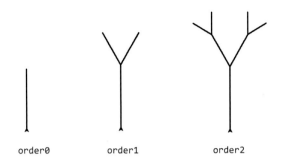

次のプログラムは，描画パラメータを，たとえば，length, rate, angle, order = 150，0.6，30，2 としています。order は 2 ですから，分枝は 2 回起きます。

プログラム　tree.ipynb

```
 1: def draw_tree(length, rate, angle, order):
 2:     if order >= 0:
 3:         kameo.forward(length)
 4:         kameo.right(angle)
 5:         draw_tree(length*rate, rate, angle, order-1)
 6:         kameo.left(angle*2)
 7:         draw_tree(length*rate, rate, angle, order-1)
 8:         kameo.right(angle)
 9:         kameo.backward(length)
10:     return
11:
12: import turtle
13: screen = turtle.Screen()                         # screen オブジェクトの作製
14: screen.setup(800, 800)
15: screen.title('My Turtle Graphics: A Test Fractal Tree')
16: kameo = turtle.Turtle()                          # kameo オブジェクトの作成
17: kameo.penup()
18: kameo.goto(0, -200)
19: kameo.pendown()
20: kameo.pensize(3)
21: kameo.speed(1)                                   # スピードを遅くする
22: kameo.left(90)                                   # 開始点で垂直方向に向かせる
23: length, rate, angle, order = 150, 0.6, 30, 2     # order2 の場合
24: print(' 枝の長さの最小値： ', int(length*rate**order))  # 54
25: draw_tree(length, rate, angle, order)            # 作図関数の呼び出し
26: screen.mainloop()
```

課題 8.10 ＊

TG_OOP で小枝が繁茂する大きな樹木曲線のフラクタル図形を描け。

【ヒント】

スクリーンを screen.setup(1200, 1000) と大きくします。ペンの色を緑にしてもよい。

195

高速な描画とするために，ペンのスピードは speed(0)，あるいは screen.tracer(100) とします。描画パラメータは，たとえば，length, rate, angle, order = 150, 0.82, 30, 12 とします。rate と order の値を高めています。

課題 8.11 ＊

TG_OOP で**コッホ雪片（Koch snowflake）**のフラクタル図形を描け。再帰呼び出しを使うこと。

【ヒント】

雪片の 2 次元モデルであるコッホの雪片は，コッホ曲線を三つ繋ぎ合わせ、始点と終点を一致させると描くことができます。そこで，コッホ雪片の描画は，コッホ曲線の描画と同様にして（前著 p.322 例題 11.8），order を使って進めることができることが分かります。そうすると，コッホ雪片の order0 は，コッホ曲線の長さ（length）を一辺の長さとする正三角形となり，これが作図のベースとなります。order1 の図形は，この正三角形の一辺の長さを 3 等分して，1/3 の長さの正三角形の突起を描いたものとなります。同様の手続きを繰り返して，線分の1/3 の長さの正三角形の突起を描くたびに order は +1 されます（下図）。描画パラメータは，length, angle, order です。たとえば，length, order = 300, 4。angle の与え方は，コッホ曲線と同じです。

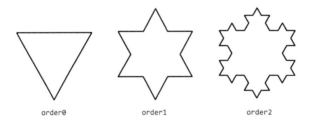

order0　　　　order1　　　　order2

課題 8.12 ＊

TG_OOP で**シェルピンスキーの三角形（Sierpinski_triangle）**のフラクタル図形を描け。再帰呼び出しを使うこと。

【ヒント】

この場合も order を使って，フラクタル図形の描画を進めることができます。order0 で作図のベースとなる，いちばん大きな正三角形が描かれるようにします。そこで，最初にこの正三角形の一辺の長さ（length）を決め，次に length を 1/2 とする正三角形を描きます。これがorder1 となります。同様の手続きを繰り返して，線分の 1/2 の正三角形を描くたびに order は +1 されます（下図）。order5 までの図形を描き，order の増大により，自己相似の図形がどのように作られていくかをみてください。描画パラメータには，order, length の他に angleがありますが，angle は 120 となります。length は，たとえば 300 とします。

order0　　　　　order1　　　　　order2

【Prg】Colab でタートルグラフィックス：ColabTurtlePlus ライブラリ

　Colab では Python の標準モジュールの turtle モジュールは使えませんが，ColabTurtlePlus という外部ライブラリをインストールすれば，Colab でもタートルグラフィックスができます。

　まず，ColabTurtlePlus を次のコマンドを使ってインストールします。

```
!pip install ColabTurtlePlus
```

次に，プログラムの冒頭に

```
from ColabTurtlePlus.Turtle import *
clearscreen()
```

を置きます。ColabTurtlePlus は，POP と OOP の両方で使えます。ColabTurtlePlus の関数（メソッド）は，turtle モジュールの関数（メソッド）と同じ働きのものもありますが，引数が異なったり，動作が違うものも少なくないので，必ず ColabTurtlePlus の公式ドキュメント（英文）で確かめるようにしてください [70]。

　たとえば，speed(0) は

　If the speed is 0, no animation is drawn and only the final result is shown. The command done() must be executed to see the final image if speed=0.

とあります。描画に時間がかかる場合が多いので，speed(0) と done() のペアで使うとよい。

　ColabTurtlePlus はイベント駆動ができませんので、それに関わる関数はありません。クラウド環境の Colab ではコードは仮想マシン上で実行されますので，Tkinter が使用できないからです。そこで，以下のメソッドは使えません。AttributeError が発生します。

```
screen.title()
screen.mainloop()
screen.onscreenclick()        # クリックによるイベント駆動は使えない
```

　Colab では，作図は inline で提供されます。inline とは，ノートブックのセルの下に描画が展開されることです（turtle モジュールのように，デスクトップに作図のためのウィンドウがノートブックとは別に開くことはありません）。

例題 8.5

ColabTurtlePlus を使って，OOP で一辺の長さ 200 の正方形を作図する。

プログラム　draw_square_colab.ipynb

```
 1: from ColabTurtlePlus.Turtle import *
 2: clearscreen()
 3:
 4: def draw_square():
 5:   forr i in range(4):          # Colab では字下げは空白 2 個を推奨
 6:     kameo.forward(200)
 7:     kameo.left(90)
 8:
 9: screen = Screen()              # Screen オブジェクトの作成
10: screen.setup(600, 600)         # スクリーンのサイズは設定できる
11: kameo = Turtle()               # Turtle オブジェクトの作成
12: kameo.shape('turtle')
13: draw_square()
```

課題 8.13 ＊

ColabTurtlePlus を使って，OOP で小枝が繁茂する大きな樹木曲線のフラクタル図形を描け。

第**9**章

GUIアプリ作成のOOP

　本章では，オブジェクト指向プログラミング（OOP）が威力を発揮する一例として，GUI（Graphical User Interface）アプリケーションの作成について学びます。GUIアプリのプログラミングでは，計算論的思考（CT）のコア概念である**抽象化とモデル化，分解と分割，パターン認識，再利用，評価**が用いられることに留意してください。GUIアプリの作成では，アルゴリズムに基づいて正しい演算結果を得るだけでなく，ユーザーからデザインや使い勝手などの評価を受けて初めて課題解決となります。

　プログラミングでは，Ancondaの Jupyter Notebook を使用します。tkinter モジュールをインポートし，一つの課題に対して複数のクラスを呼び出して再利用し，複数のオブジェクトを生成し，これらの多数のオブジェクトを部品として組み合わせて統合することで，信頼性の高いプログラムを効率的に作成していきます。

　本章での GUI アプリのプログラミングでは，Tkinter ライブラリを主として使いますが，PySimpleGUI ライブラリを使う例も紹介しています。

9.1　GUI アプリの作成に Tkinter を使う

　GUI アプリの作成は，**分析と設計，実行，評価**までを含んだ OOP です。GUI アプリを作成するための標準ライブラリとして **Tkinter** があります。GUI ツールキットを一般に Tk といい，Tk を扱うための Pyhton の標準ライブラリが Tkinter（Tool kit interface の略）です。Tkinter には tkinter や tkinter.ttk などのモジュールが収められています [3]。

　前章の TG_OOP では turtle モジュールによるオブジェクトの生成とイベント駆動を学びましたが，本章の GUI_OOP では，同様の処理が tkinter, tkinter.ttk モジュールによってなされ，本格的な GUI アプリの作成が可能となることに留意してください。

　GUI の部品（ウィジェット）やイベント処理関数などのオブジェクトは，Tkinter のクラスのインスタンスとして生成され，それぞれのオブジェクトはデータ属性とメソッド属性を持っています。OOP ではこれらのオブジェクトを操作して，GUI アプリの外観や振る舞いを定めていきます。

　それでは最初に，tkinter モジュールのやさしい使い方から入ります。プログラムの冒頭で，オブジェクトを作るためのクラスや定数が収められている tkinter モジュールをインポートします。

例題 9.1

　GUI アプリとして，**デジタル時計**を作成する。ウィンドウに表題と年月日，時刻を表示するだけのシンプルなものでよい。

【ヒント】

- デジタル時計のデザインを考えます。
- tkinter モジュールを使って，GUI ウィンドウオブジェクトを作ります。
- 表題と年月日，時刻を表示するラベルオブジェクトを作ります。
- それぞれのラベルをウィンドウに配置します。
- 年月日と時刻を知るために。datetime モジュールをインポートします。

プログラム　digital_watch.ipynb

```
 1: import tkinter                    # tkinter モジュールをインポート
 2: import datetime
 3: win = tkinter.Tk()                # GUI ウィンドウオブジェクト
 4: win.geometry('450x200')
 5: win.title('Digital Clock')
 6: label_tdt = tkinter.Label(text = "Today's Date & Time",
 7:                    font = ('Times New Roman', 30), fg = 'blue')
 8: label_tdt.pack()
 9: label_ymd = tkinter.Label(text = datetime.date.today(),
10:                    font = ('Arial', 30))
11: label_ymd.pack()
12: now = datetime.datetime.now()
```

```
13: label_time = tkinter.Label(text = now.time(), font = ('Arial', 30))
14: label_time.pack()
15: win.mainloop()
```

実行結果

　L3 で tkinter モジュールの Tk クラスから GUI ウィンドウ（画面）オブジェクトを作っています。オブジェクト名を win としていますが，screen でもかまいません。これが TG_OOP の screen = turtle.Screen() に対応していることがすぐに分かると思います。L4, L5 では，メソッドを呼び出して，ウィンドウのサイズを設定し，タイトルを定めています。

　L6, L7, L9, L10, L13 は，tk モジュールの Label クラスからラベルオブジェクトを作っています。これらが TG_OOP の kameo = turtle.Turtle() と同様のオブジェクト生成のコードです。ここでは，Label クラスを呼び出すときに，表題，年月日，時刻となる引数を与えています。引数には色やフォントも選べます。

　L8, L11, L14 は，それぞれのラベルを pack() メソッドを使ってウィンドウに配置しています。

　L15 の mainloop() メソッドは win = Tk() でウィンドウオブジェクトを生成した場合には win.mainloop() となります。win.mainloop() が TG での screen.mainloop に対応しています。オブジェクト win は，メインウィンドウを表示するために，プログラムの終わりで必ず mainloop() を呼び出してメインループを開始させなければなりません。mainloop() はウィンドウが閉じられるまでプログラムを実行し続け，ユーザーのインターフェースとのやりとりをモニターしており，入力データを受け付け，マウスの操作などによるイベントの発生を待ち受けるループです。ただし，上のプログラムには入力データやイベントはありません。手動でウィンドウを閉じ，プログラムを終了させます。

　Tkinter による GUI アプリは，ユーザーとの**対話的処理**と**イベント駆動（event-driven）**に特徴があります。ユーザーはまずいくつかのデータを対話的に入力します。演算処理は，ユーザーからの入力イベント（例：ボタンのクリック）を待ち受けて，イベントにより駆動されて始まります。イベント駆動型プログラムでは，発生するイベントに対応して何らかの演算処理をする関数を**イベントハンドラー（event handler，イベント処理関数）**と呼んでいます。

9.1.1　MVC アーキテクチャーによる GUI のモデル化と設計

GUI アプリのモデル化と設計には **MVC アーキテクチャー（デザインパターン）** と呼ばれる手法を用いることができます [3]。MVC は Model・View・Controller の略で，デザインをパターン化し，M，V，C という三つの基本となる構成要素に機能的に**分割**します。この分割により，M と V が分離され，M の詳細はユーザーから隠蔽されます。

(1) **M（Model）**：演算処理を担当するモデル部で，**イベントハンドラー**を用意します。演算を開始するトリガーであるイベントが制御部 **C** から渡されると，入力されたデータを使って演算処理を行い，演算結果を出力します。

(2) **V（View）**：GUI の表示を担当する外観部です。tkinter モジュールに収められている，いくつかのクラスを呼び出して，ウィンドウやラベル，ボックス，ボタンなどのウィジェットと呼ぶオブジェクトを生成し，それらを配置します。ボックスはデータ入力，ボタンはイベントを受け付けます。

(3) **C（Controller）**：イベントとモデル部 **M** を繋ぐ制御部です。イベントとイベントハンドラーを結合して，イベントをモデル部のイベントハンドラーに渡す制御を担当します。

【Prg】関心の分離（Separation of Concerns，SoC）

関心の分離とは，プログラミングにおいて，プログラムを関心（機能と責任）ごとに**分解・分割**された構成要素で構築することです。関心の分離により，プログラムの可読性，再利用性，開発効率を高めることができます。関心の分離は，大規模なプログラム開発において重要な設計原則の一つとされますが，小さなプログラムの作成のときから，関数やクラスの設計で考え方を身に付けていくとよい。

MVC アーキテクチャーは，プログラムを M，V，C の基本ブロックに分離することにより，関心の分離が実現され，それぞれが特定の機能と責任を持ちます。

9.1.2　GUI アプリで使われるクラスとオブジェクト

(1) **GUI ウィンドウオブジェクト**：tkinter モジュールのクラス Tk() を，たとえば，root = tk.Tk() により呼び出すことで，ウィンドウオブジェクト root を生成し，メインとなるウィンドウを作成します。root は，ウィジェットの階層構造のトップにあって根本となるオブジェクトの意味で使われています。オブジェクト名は win や top でもよい。このオブジェクトに対してメソッドを呼び出してウィンドウのタイトルやサイズを定めます。ウィンドウの座標系は，最上部左端が座標原点で，x 座標を水平軸右向きに，y 座標を垂直軸下向きにとります。座標 (x, y) はウィジェットの位置をきちんと決めて配置する場合に使います。

(2) **個々のウィジェットオブジェクト**：tkinter モジュールのウィジェットクラスを呼び出し，ウィジェットと呼ぶオブジェクト（部品）をクラスの再利用で作成します。

```
widget_object = widgetClass(引数 1，引数 2,... )
```

ウィジェットクラスには，次のようなクラスがあります。

- **Label**：ラベルを作成する場合に使用するクラスです。Label(text = 'ラベル名') でクラスを呼び出して，ラベルオブジェクトを生成します。
- **Entry**：データの入出力ボックスを作成する場合に使用するクラスです。Entry(width = 幅) でクラスを呼び出して，エントリーオブジェクトを生成します。
- **Button**：ボタンを作成する場合に使用するクラスです。Button() でクラスを呼び出して，ボタンオブジェクトを生成します。

一つのクラスから実引数を変えて複数のオブジェクトを作ることができます。生成されたオブジェクトはメソッドを呼び出して特定の処理をします。個々のウィジェットはレイアウトマネージャと呼ぶメソッド，pack()，place()，girid()，を使ってウィンドウに配置します。

9.1.3 ボタンを使うイベントの発生とイベント駆動処理

tkinter モジュールは，ボタンオブジェクト button_object に，イベントとイベント処理関数を**結合（binding）**する bind() メソッドを用意して，ボタンのクリックにより生起するイベント処理関数を割り当てています。

```
button_object.bind(event, event_handler)
```

第 1 引数が event です。第 2 引数 event_handler はイベント処理関数の関数名です。関数は引数となるときには関数名のみを渡します。mainloop() が，マウスの操作などによるイベントの発生を待ち受けます。イベント処理関数は，イベントが発生すると自動的に呼び出されます。

例題 9.2

MVC アーキテクチャーを用いて最大公約数を求める **GCD 計算器アプリ**を作成する。
【ヒント】
GCD 計算器をデザインします。

- モデル部には，計算と終了のイベント処理関数を置きます。計算処理の関数では最大公約数を求めます。終了処理の関数は，ウィンドウを破壊（消去）します。
- 外観部にはウィンドウを作り，ラベル，エントリーボックス，ボタンを生成して配置します。
- 制御部では「計算ボタン」と「終了ボタン」のマウスの左クリックによるイベントを検知し，それぞれのイベント処理関数と結合させます。
- アプリを動かして，実行結果を求めて，デザインを評価します。

プログラム　GCD_app.ipynb

```
 1: import tkinter as tk
 2: # GCD Model（モデル部）： GCD を計算して値を出力する
 3: def gcd_calc(event):                    # イベントハンドラーの定義
 4:     x = int(x_box.get())
 5:     y = int(y_box.get())
 6:     while y !=0:
 7:         x, y = y, x % y
 8:     gcd_box.delete(0, tk.END)
 9:     gcd_box.insert(0, x)
10: def finish(event):                      # 終了イベントハンドラーの定義
11:     root.destroy()                      # ウィンドウを破壊（消去）
12: # View （外観部）
13: root = tk.Tk()                          # ウィンドウの作成
14: root.geometry('400x250')
15: root.title('GCD (Great Common Devisor) 計算器')
16: input_label = tk.Label(text = ' 二つの自然数を入力してください')
17: input_label.pack()
18: x_label= tk.Label(text = 'x')           # ラベルオブジェクトの作成
19: x_label.pack()
20: x_box = tk.Entry()                      # エントリーオブジェクトの作成
21: x_box.pack()
22: y_label=tk.Label(text = 'y')
23: y_label.pack()
24: y_box = tk.Entry()
25: y_box.pack()
26: calc_button = tk.Button()               # 計算ボタンオブジェクトの作成
27: calc_button['text'] = ' 計算ボタン'
28: calc_button.pack()
29: gcd_label= tk.Label(text = 'GCD')
30: gcd_label.pack()
31: gcd_box = tk.Entry()
32: gcd_box.pack()
33: fin_button = tk.Button()                # 終了ボタンの作成
34: fin_button['text'] = ' 終了ボタン'
35: fin_button.pack()
36: # Controller（制御部）：イベントとイベントハンドラーを結合させる
37: calc_button.bind('<Button-1>', gcd_calc)  # マウスのクリック
38: fin_button.bind('<Button-1>', finish)
39: root.mainloop()
```

実行結果

　このプログラムではすべてを OOP で記述していません。プログラム作成が複雑になりすぎるからです。OOP といっても tkinter モジュールのクラスを再利用して GUI アプリの部品を作成しウィンドウに配置しイベント処理することに限定しています。こうすることで，プログラムを MVC アーキテクチャーに基づいて効率的に作成する，tkinter によるイベント駆動処理を理解するという，この課題での本筋をはっきりさせています。

課題 9.1

　2 数の基本演算をする **Basic Calculator アプリ**を作成せよ。基本演算子は，+，-，*，/，//，% ，** とする。モデル部に置く基本演算の処理関数は例題 1.12 を参照してよい。

課題 9.2

　クレジットカード番号のチェックデジットが適正かどうかを判定する **Credit Card Nummber Checker アプリ**を作成せよ。カード番号はチェックデジットを含めて 16 桁とする。モデル部に置くチェックデジットの処理関数は，課題 2.24 のプログラム 2 を参照してよい。

課題 9.3 ＊

　学期 GPA を求める **GPA（Grade Point Average）計算器アプリ**を作成せよ。
【ヒント】
　GPA 計算器を MVC アーキテクチャーに基づいて作成します。MVC は，以下のようになります。

・ **M** は，GPA 成績評価法（表 9.1）に基づいて LG と GP を求めるプログラムを作成し，これを関数化して，イベントハンドラーとします（前著 p.91 例題 4.7 参照）。また，GPA 処理を終了させるイベントハンドラーも用意します。

- **V** は，tkinter モジュールに収められているクラスを呼び出して，ウィンドウを作り，ラベル，ボックス，ボタンの部品を作成し，配置します。学生の履修科目成績表（履修表）も一つの部品ですから作成する必要があります（表 9.2 は一つの例）。
- **C** は「ボタン」をマウスの左クリックにより発生させたイベントを検知し，イベント処理関数と結合させます。「計算ボタン」を左シングルクリックすることで演算を開始させ，「終了ボタン」を左シングルクリックすることでプログラムを終了させます。

表 9.1　5 段階 GPA 成績評価法

段階	RS	LG	GP	合否
1	90 ~ 100	S（秀）	4.0	合格
2	80 ~ 89	A（優）	3.0	合格
3	70 ~ 79	B（良）	2.0	合格
4	60 ~ 69	C（可）	1.0	合格
5	0 ~ 59	F（不可）	0.0	不合格

GPA の計算式は

学期 GPA ＝ Σ（当該科目の GP × 当該科目の単位数）/ Σ 当該科目の単位数

で与えられます。プログラムの構成は

① 学生は，履修科目名，単位数，点数（100 点満点法）RS をキー入力します。単位数と点数は，半角の数字を入力します。

② LG（letter grade）と GP（Grade Point）を求め，キー入力を終えた科目までの GPA を求めます。ということで，最後の科目のデータのキー入力を終えた時点での GPA が当該学期の GPA となります。

③ 当該学期の履修表を作成してウィンドウに表示します。

④ 学生がすべての科目データを入力し，当該学期の GPA を求めたら，個人情報の保護のため，GUI のウィンドウを消し去り，プログラムを終了させます。

表 9.2　学生の履修科目成績表

履修科目名	単位数	点数
数学A	2	58.5
数学A演習	1	69.0
コンピューター科学	2	87.5
プログラミング論	2	78.0
プログラミング演習	1	92.0

ウィンドウに表示する履修表は，表 9.2 を横に拡張して，LG, GP, GPA を追加したものとします（図 9.1）。履修表は，新たに tkinter.ttk モジュールをインポートして Treeview クラ

スを呼び出すことでオブジェクトを作成します。これを TreeView ウィジェットと呼びますが，データの階層表示や表の作成に使用されます。

```
import tkinter.ttk as ttk
tree = ttk.Treeview(root)
```

tkinter.ttk モジュールについては，公式ドキュメントを参照してください [71]。
GPA 計算器アプリは，たとえば，以下のような外観となります。

図 9.1　GPA 計算器アプリの外観

課題 9.4

日本の大学では様々な GPA 制度が用いられている。自分の大学の GPA 制度で GPA を求める **GPA 計算器アプリ**を作成せよ。

【GPT】ChatGPT への質問

手続き型プログラミングでは，イベント駆動型プログラミングや GUI アプリの作成が一般的ではない理由を教えてください。それでは，これらを実現するためにオブジェクト指向プログラミングが優れている点は何でしょうか。

9.2　GUI アプリの作成に PySimpleGUI を使う

　tkinter モジュールの利用による GUI アプリの作成には大きな問題があります。それは比較的簡単な GUI アプリの作成でもプログラムが長大になりすぎることです。

　GUI アプリをシンプルに短いプログラムで作成できるライブラリとして，2018 年から開発が続けられている **PySimpleGUI** があります [72]。これは標準ライブラリではありませんので，PIP コマンドを使ってインストールする必要があります。

```
!pip install PySimpleGUI
```

例題 9.3 ∗

　二つの自然数の最大公約数を求める **GCD 計算器アプリ**を，PySimpleGUI ライブラリを用いて作成する。

プログラム　GCD_simple_app.ipynb

```
 1: import PySimpleGUI as sg          # ライブラリのインポート
 2: ## Model                          # GCD の計算
 3: def gcd_calc(values):
 4:     x = int(values[0])
 5:     y = int(values[1])
 6:     while y !=0:
 7:         x, y = y, x % y
 8:     else:
 9:         return x
10: ## View ：layout の定義
11: layout = [
12:     [sg.Text(' 二つの自然数を入力してください')],
13:     [sg.Text(' 整数 '), sg.Input()],
14:     [sg.Text(' 整数 '), sg.Input()],
15:     [sg.Submit(button_text = ' 計算ボタン')],
16:     [sg.Submit(button_text = ' 終了ボタン')],
17:     [sg.Text('GCD '), sg.Output()]]
18: # ウィンドウオブジェクトの生成。ウィンドウタイトル，レイアウトの表示
19: window = sg.Window('GCD(Geatest Common Divisor) 計算器', layout)
20: ## Controller
21: while True:                        # イベントループ。ウィンドウを表示し対話する
22:     event, values = window.read()  # イベントの読み込み
23:     if event == ' 計算ボタン':
24:       gcd = gcd_calc(values)
25:       print(values, '  GCD', gcd)  # 計算結果の出力
26:     if event == ' 終了ボタン' or event == sg.WIN_CLOSED:
27:         break      # 終了ボタンが押されるか，ウィンドウが閉じられると，ループを抜ける
28: window.close()          # プログラムの終了
```

実行結果

このプログラムでは，2 整数のデータを画面の GCD 欄に保存しています。

　最大公約数を求めるプログラムは，手続き型では全コード数はたった 9 行で済みますが（例題 3.1），tkinter を使う OOP の場合では全コード数は 39 行（例題 9.2），PySimpleGUI を使用する OOP の場合では，全コード数は 28 行に収まりました。PySimpleGUI ではプログラムをシンプルにすることが，特に View のコード数を大幅に減らすことができています。

課題 9.5 ∗

　BMI（Body Mass Index）計算器アプリを，PySimpleGUI ライブラリを用いて作成せよ。
【ヒント】
　BMI の計算については，課題 1.14 を参照のこと。tkinter を用いた BMI 計算器の作成プログラムは前著 p.329 例題 11.11 にあります。

プログラミングチップス

著者も躓いた，知っておくと役立つプログラミングの小技やチップス（tips）を集めました。具体例で説明していますので，使うときにはケースバイケースでの対応が必要になります [3][5]。

A.1　コードをキー入力するときの途中での改行

一般的にはコードの末尾に \ を入力します。

例

```
num = 1 + 2 + 3 + 4 +\
      5 + 6 + 7
stringx = `Hello \
world'                      # この行の先頭に空白を入れると，空白がプラスされる
print('abc\                 # ` ... ` の途中で改行するときには \　が必要
'def')                      # abcdef
```

括弧を使う入力では，どの括弧でも \ を末尾に付けなくても，途中改行ができます。

```
listx = [1, 2, 3, 4, 5,
         6, 7, 8, 9, 10]
```

A.2　多数のデータをキー入力する

キー入力によりデータを変数に代入する場合，たとえば，int 型の数値 x を得たい場合には，

```
x = int(input(`Enter an integer: '))
```

としますが，変数が多くなると，面倒になります。これを解決するには，以下の方法があります。

(1) map() 関数を使う方法

```
x, y, z = map(int, input('Enter integers with a spce: ').split())
```

(2) リストを内包表記で書いて，これをアンパックする方法

```
x, y, z = [int(i) for i in input().split()]
```

input() では文字入力になりますので，上記のコード例では int() を使って整数に変換しています。input() の中のプロンプトはあってもなくてもかまいません。split() は空白文字で文字列を分割し，それらを要素とするリストを返しますので，キー入力するときには，数字を半角の空白で区切ります。

たとえば 1 2 3 をキー入力すると '1 2 3'.split() により，リスト ['1', '2', '3'] が返されます。(1) では map(関数名，イテラブル) が一般形で，いまの場合は map(int，リスト) です。これにより，リストの数字が整数に写像されて，イテレータが返されます。(2) ではリスト [1, 2, 3] がアンパックされて，左辺の変数に代入されます。

input().split(', ') では，数字の後に「,」と 1 個の半角の空白を置いて入力します。

A.3　数と数字の区別

数（number），数値 value），数量（quantity）は int 型，float 型で表され，数字（digit, figure）は文字列です。両者をきちんと区別してください。

```
num = input('Enter a number: ')
```

としても，num には数字列が入力されます。整数を得るには int 型に変換します。

```
num = int(input('Enter a number: '))
```

A.4　print() 関数

```
print(*objects, sep=' ', end='\n', file=None, flush=False)
```

引数の先頭に * を付けると，任意の数の引数（可変長引数）を指定することができます。可変長引数を通常の引数の前に指定するときには，通常の引数はキーワード引数にして呼び出します。関数内では可変長引数はタプルとして扱われます。

sep=' '，end='\n' はキーワード引数で，' ' と '\n' はデフォルト値です。オプションで sep='\t'，sep=', '，end='\t'，end=', ' などが使えます。

A.5　pprint（pretty print）を使う

print 出力をキレイに整えます。たとえば，リスト出力が一行で長くなりすぎるときなどに使うとよい。

```
import pprint                                    # pprint モジュールのインポート
pprint.pprint(listx, width = 60, compact = True)    # width は適切に選ぶ
```

【CS】データ構造とアルゴリズム，プログラミング

データ構造とは，個々のデータを扱いやすくするために，一定の表現形式で格納された**抽象化されたデータ**の集合体のことです。各データ構造には固有の操作法が用意されていますが，ユーザーはデータ構造の物理的詳細を知る必要はありません。

プログラミングでは，どのようなデータ構造を選択するかが，アルゴリズムの考案と構築，プログラムの作成と効率に大きく影響します [11]-[14]。適切なデータ構造を選択することで，アルゴリズムやプログラミングが単純化され，分かりやすくなります。特定の課題を解くアルゴリズムには，それぞれに適したデータ構造がありますが，手順の展開に応じて，あるデータ構造を別のデータ構造に変換することが少なくありません。したがって，データ構造の相互変換（変換／逆変換）について知っておくことが欠かせません。

Python には，基本的なデータ構造として**コンテナ（コレクション）**と総称される，リスト（list），タプル（tuple），集合（set），辞書（dictionary, dict），文字列（string, str）があり

ます。Numpy には配列（array）があります。コンテナではそれぞれのデータ構造の型の特徴とそれを生かした使い方を理解しておくことが大切です。すなわち，データ構造は，シーケンス型か／非シーケンス型か，ミュータブルか／イミュータブルか，データの重複が許されているか／許されていないか，どのようなメソッドが用意されているか，などに注意してください。

A.6　コンテナ（container），コレクション（collection）

データ構造の記号
リスト（list）[ ]，タプル（tuple）( )，集合（set）{ }，辞書（dict）{ }，文字列（str）' '

シーケンス（sequence）型
インデックスで要素にアクセスできる。要素の並びの順番が意味をもつ。リスト，タプル，文字列。

非シーケンス（non_sequence）型
インデックスで要素にアクセスできない。要素に順番はない。集合，辞書。

ミュータブル（mutable，変更可能な）
要素の値の変更（追加，削除）ができる。リスト，集合，辞書。

イミュータブル（immutable，変更不可能な）
要素の値の変更（追加，削除）ができない。辞書のキーに使える。タプル，文字列。

イテラブル（反復可能な，iterable）
リスト，タプル，集合，辞書，文字列。

要素の重複が許される（duplicable）
リスト，タプル，文字列，辞書の値。

要素の重複が許されない（unduplicable）
集合。辞書ではキーの重複ができない。

　集合の要素には順番という概念はありません。ただし，for 文で in の後に置けます。集合でも frozen set はイミュータブル。辞書はキーを使って項目の値にアクセスします。辞書に新たな項目を追加するには，存在しないキーに対して値を設定します。

　コンテナではありませんが，数（int, float）は非シーケンス型でイミュータブル，辞書のキーに使えます。range オブジェクトは，シーケンス型で，イミュータブル，イテラブル，重複不可です。

A.7　辞書とリストとの対応，辞書のビューオブジェクト
　Python では型とクラスを区別しません。辞書型は辞書クラスともいえます。クラス dict に引数としてリストを与えて，辞書を生成することができます。

```
dictx = dict(listx)
```

dict() は辞書を作るのでコンストラクタと呼ばれます。引数はリストで，その要素はタプルとして（キー，値）となっているものでなければなりません。このリストから辞書が作成されるときに，辞書の項目は キー：値となります。逆に，辞書からリストを作成することもできます。

プログラム例

```
listx = [('Jpn', 70), ('Eng', 90), ('Math', 80)]         # リスト。要素はタプル
dictx = dict(listx)                             # リストから辞書に変換
print(' 辞書', dictx)                    # {'Jpn': 70, 'Eng': 90, 'Math': 80}
listy = list(dictx.items())             # 辞書をリストに変換。
print(' リスト', listy)                 # [('Jpn', 70), ('Eng', 90), ('Math', 80)]
```

　ここで，dictx.items() は，辞書のビューオブジェクト（view object）といわれるもので，項目を一覧してとりだせるイテラブルです。items() は辞書のメソッドです。同様にdictx.keys()，dictx.values() は，ビューオブジェクトで，辞書のキーや値を一覧して取り出せるイテラブルです。たとえば，for i in dictx.keys(): のように，for 文で in の後に置いて，キーを一つずつとりだすことができます。keys()，values() も辞書のメソッドです。

A.8　辞書やリストのソートでの sorted() 関数の使い方
　辞書における項目（キー:値）のソートや，リストの要素がリストあるいはタプルからなる場合のリストのソートでは，ソート対象である辞書／リスト，それらの項目／要素のどれを選んでソートするかのキーを選択して，昇順/降順を決めなければなりません。このようなソートの場合に，関数 sorted(辞書 or リスト， key=，reverse=) が用意されています。ここで，第2，第3の引数はオプションです。以下では，辞書の項目のソートで説明します。この場合の注意点は，ソートした結果として，辞書ではなくてリストで返されることです。辞書の項目がリストではタプルとなります。ですから，辞書を得るには，コンストラクタ dict(リスト) を使って，再び辞書に変換する必要があります。

(1) 辞書の項目の昇順／降順のソートで，ソートキーとして辞書のキーを選ぶ
　項目の「昇順」のソートでは，第2，第3引数は要りません。

```
dictx = {'Jpn': 70, 'Eng': 90, 'Math': 80}           # 辞書の例
list_ka = sorted(dictx.items())          # キーの昇順にソートされたリストを返す
print(' キーによる「昇順」', list_ka)   # [('Eng', 90), ('Jpn', 70), ('Math', 80)]
dicty = dict(list_ka)                    # 辞書に変換
print(' 辞書', dicty)                    # {'Eng': 90, 'Jpn': 70, 'Math': 80}
```

辞書の項目がリストではタプルの要素となっています。
　項目の「降順」のソートでは第2引数は省略できて，第3引数で「降順」reverse = True を指定します。

```
dictx = {'Jpn': 70, 'Eng': 90, 'Math': 80}
list_kd = sorted(dictx.items(), reverse = True)   # キーの降順にソートされたリスト
print(' キーによる「降順」', list_kd)   # [('Math', 80), ('Jpn', 70), ('Eng', 90)]
dicty = dict(list_kd)                    # 辞書に変換
print(' 辞書', dicty)                    # {'Math': 80, 'Jpn': 70, 'Eng': 90}
```

key = lambda x: x[0] として，ソートキーとして辞書のキーを選ぶことができますが，普通は省略します。

(2) 辞書の項目の昇順／降順のソートで，ソートキーとして辞書の値を選ぶ

項目の「昇順」のソートでは，第2引数を key = lambda x: x[1] とします。x[1] で辞書の値を選択しています。第3引数は要りません。

```
dictx = {'Jpn': 70, 'Eng': 90, 'Math': 80}
list_va = sorted(dictx.items(), key = lambda x: x[1])   # 値の昇順にソートされたリスト
print(' リスト,値による「昇順」', list_va)        # [('Jpn', 70), ('Math', 80), ('Eng', 90)]
dicty = dict(list_va)                      # 辞書に変換
print(' 辞書', dicty)                      # {'Jpn': 70, 'Math': 80, 'Eng': 90}
```

項目の「降順」のソートでは，第2引数を key = lambda x: x[1] として値をソートキーに選択し，第3引数で「降順」reverse = True を指定します。

```
dictx ={'Jpn': 70, 'Eng': 90, 'Math': 80}
list_vd = sorted(dictx.items(), key = lambda x: x[1], reverse = True)
print(' リスト,値による「降順」', list_vd)   # [('Eng', 90), ('Math', 80), ('Jpn', 70)]
dicty = dict(list_vd)                        # 辞書に変換
print(' 辞書', dicty)                        # {'Eng': 90, 'Math': 80, 'Jpn': 70}
```

ソートの対象がリストの場合には，第1引数にリストを選びます。リストの要素がリスト/タプルの場合，ソートのキーとして，リスト/タプルの要素の1つを key = lambda x: x[] で，要素のインデックスを [] に入れて指定します。

A.9　2次元リストの初期化，オブジェクトと id

例として，要素が3の2次元リスト list_word_N = [[], [], []] と list_word_N = [[]] * 3 について考えます。ここで外側のリストに対して要素となっている内側の3個のリストをサブリストと呼びます。リストはオブジェクトという操作や処理の対象ですが，オブジェクトには id と呼ばれる一義的な識別番号が付いています。

```
lilist_word_N = [[], [], []]       # (1)
```

3個のサブリスト [] は，異なる id を持っていて，異なるオブジェクトとして初期化されてい

て，それぞれが独立しています。

```
list_word_N = [[]] * 3          # (2)
```

3 個のサブリスト [] は，すべて同じ id を持ち，同じオブジェクトとして初期化されていて，それぞれは独立していません。3 個のサブリストが全て同じ id を参照しているため，それぞれのサブリストに対して行う操作が，同じ一つのオブジェクトに作用を与えます。

　これを以下のプログラムで確認します。(1) ではサブリストが多くなると書くのが面倒になりますので，リストの内包表記を使って L1 としていますが，同じことを表します。

```
 1: listx = [[] for _ in range(3)]    # 右辺は [[], [], []] と同じ。
 2: print(listx)                      # [[], [], []]
 3: for i in listx:
 4:   print(id(i))                     # different ids
 5: listy = [[]] * 3
 6: print(listy)                       # [[], [], []] 出力は L2 と同じだが
 7: for i in listy:
 8:   print(id(i))                     # same ids
 9: print()
10: for w in ['ab', 'c']:              # 各単語を文字数で振り分けてリストに収めたい
11:   listx[len(w)].append(w)
12:   listy[len(w)].append(w)
13: print(listx)                       # [[], ['c'], ['ab']] 正しい結果
14: print(listy)    # [['ab', 'c'], ['ab', 'c'], ['ab', 'c']]。望まぬ結果
```

実行結果は各自で確認してください。L12 の操作は，同じ一つのオブジェクトに作用し，最終的に三つのサブリストが同じ要素を持っています（L14）。

A.10　グラフ描画ライブラリ Matplotlib で日本語表記を使う

　最初に Matplotlib の日本語対応ライブラリをインストールしてください。

```
!pip install japanize-matplotlib
```

プログラムの冒頭には，次のインポート文を追加します。

```
Import japanize_matplotlib
```

これで plt モジュールの関数で，文字列を日本語で書くことができます。グラフのタイトルを日本語にしたければ，たとえば，plt.title(' 売上高のグラフ') とします。

A.11　整数の最大値と整数・文字列変換の桁数制限

　Python で扱える整数の最大値に上限はなく，メモリの許す限り大きな値を扱うことが可能ですが，整数と文字列の変換はデフォルトで 4300 桁までに制限されています。たとえば，print() のように内部で整数を文字列に変換する処理で 4300 桁を超えると，ValueError になるので注意してください。たとえば，

```
i = 1000 ** 2000
print(i)                    # エラーが起きる
```

実行結果

```
ValueError: Exceeds the limit (4300 digits) for integer string conversion; us
sys.set_int_max_str_digits() to increase the limit
```

ただし，int 型自体は 4300 桁より大きい値を保持でき，文字列への変換以外の処理は可能です。

A.12　Web サイト上にある表データを Excel に取り込む手順

① 表データのある Web サイトと Excel の新規画面の両者を開きます。

② Excel の「データ」タブをクリックします。

③ Excel の「データの取得」の項目にある「その他のデータソースから」の「Web から」をクリックします。

④ 「Web から」の取り込み画面がポップアップします。この URL の入力欄に取り込みたい Web ブサイトの URL をコピー＆ペーストして「OK」をクリックします。

⑤ 「ナビゲーター」の取り込み画面がポップアップします。Web サイト上の取り込みたいデータのある Table を選択します。選択したデータテーブルを「テーブルビュー」で確認し，求めるデータであれば「読み込み」をクリックします。

⑥ Web サイトのデータが取り出され，Excel に読み込んだデータがワークシートに表示されます。

⑦ ワークシート上の原データの表形式（行や列）を今後の処理に適したものに整理する必要がある場合もあります。ただし，数値などの原データ自体を勝手に変更しないこと。

⑧ ワークシートのデータをファイル名とファイルの種類を指定して保存します。CSV データとして保存する場合は，拡張子「CSV UTF-8(コンマ区切り)」で保存します。

　Web サイトから取り込んだデータを使用した処理結果を発表するときには，データの出典である Web サイトの URL を明記することを忘れないようにします。本書の課題の場合，以下の Web サイトからデータを読み込んで使用しています。

例 1

課題 5.3　英文字 26 字の出現頻度（letter frequency）表を求める場合。URL は文献 [48] を参照，データ表は「Table2」を選択します。相対頻度は％にはなっていません（小数です）。

例 2

課題 5.4　英単語の出現頻度の上位 1000 までの表を求める場合。URL は文献 [49] を参照，データ表は一番上にある「1-10000[edit]」が第 1 位から第 1000 位までのデータです。データは

```
Rank     Word       Count (per billion)
1        the        56271872
2        of         33950064
```

となっています。このデータを CSV ファイルとして保存します。たとえば，

```
eng_freq_wiki1.csv
```

CSV ファイルの読み込みは，次のようにします。

```
with open('eng_freq_wiki1.csv', 'r') as fobj:
  h = next(csv.reader(fobj))               # 第 1 行の header を読むが，使わない
  robj = csv.reader(fobj)                  # robj はイテレータ。データの読み込み
  list_data = [row for row in robj]        # リストのリストを生成します
```

list_data の要素は，すでに頻度の降順になっている文字列を要素とするリストです。要素のリストは，第 1 順位は ['1', 'the', '56271872'] となりますが，課題 5.4 の場合，使うのは第 2 列の単語のみです。

あとがき

　著者が勤務した石巻専修大学の 21 世紀ビジョンは，専修大学と同じく，「社会知性の開発」(Socio-Intelligence) といわれるものです。前著と本書が「社会知性の開発」の一助として皆様に役立つことを心から望んでおります。

　本書を最後まで読んでいただき，どうもありがとうございます。実際にプログラミングに取り組んでみて，アハモーメントを体験し，センス・オブ・ワンダーを触発され，プログラミングの面白さと価値に気づくことがあったとすれば，望外の喜びです。

　読者の皆様のご感想とご批判をお待ちしています。問題の面白さ，難易度，説明の分かりやすさはいかがでしたでしょうか。どうぞ遠慮なさらないで近代科学社までお届けください。読者の皆さんの貴重なご意見を生かして次に繋げていきたいと考えております。

　2025 年から大学入学共通テストに教科「情報」が加わり，プログラミングの問題が出題されるということで，ますます関心が高まっています。共通テストは時間との勝負の競争試験です。受験生の多くに，競技プログラミングに参加する学生と同じように「その場でアルゴリズムを考えても時間はかかるし間違いが起こる可能性も高くなる。自分の頭に入っているアルゴリズムが与えられた問題にどうフィットするかという戦略をとる」ことが期待できるでしょうか。論理的思考を要求する問題に対して論理的思考を放棄すれば，丸暗記していたアルゴリズムから小問にフィットするパターンを引き出して，もっともらしい解を四つの選択肢から確率的に選ぶことになるのではないか，と危惧します。共通テストが生成 AI 化する高校生を生成することのないようにしなければならないと強く感じております。

謝辞

　本書の例題・課題・プログラムの作成にあたっては，文献案内に挙げた内外の資料や Web サイトの解説記事・学習教材からたくさんのご教示とヒントをいただきました。ここに著者の皆様に厚くお礼を申し上げます。前著と同様に，本書の企画から出版まで大変お世話になりました近代科学社の伊藤雅英氏に感謝申し上げます。併せて，著者のような定年退職教員にも著作の門戸を開いてくださった近代科学社 Digital のますますのご発展を心から願うものです。

　これまでの人生を振り返って，東北大学工学部・工学研究科，東芝，東北大学医学部神経生理学教室，石巻専修大学の皆様に，著者の至らぬところをお許し下さり，ご指導ご鞭撻をいただいたことに感謝の意を表します。情報教育関連では，在籍した CIEC（コンピューター利用教育学会）研究委員会，情報処理学会一般教育委員会，大学入試センター「情報関係基礎」部会の皆様にお礼を申し上げます。著作の形ですが，感謝の気持ちを受け取っていただければ，大変ありがたいです。

　最後に，著作を支えてくれた家族にも深く感謝です。ありがとう。

文献案内

本書全般

[1] Colaboratory よくある質問
https://research.google.com/colaboratory/faq.html?hl=ja

[2] Python.jp：プログラミング言語 Python 情報サイト https://www.python.jp/index.html

[3] 綾 皓二郎：『計算論的思考を育む Pyton プログラミング入門』, 近代科学社 Digital (2023)

[4] Denning, P. & Tedre M.: *Computational thinking*, MIT Press (2019)

[5] Python 公式ドキュメント
hpps//docs.python.org/ja/3/

[6] 標準ライブラリ
https://docs.python.org/ja/3/library/

[7] 文科省：高等学校「情報 I」教員研修教材
https://www.mext.go.jp/content/20200722-mxt_jogai02-100013300_005.pdf

[8] 萩谷昌己：『高校情報 I Python』, 実教出版 (2022)

[9] 萩谷昌己：『高校情報 II』, 実教出版 (2022)

[10] 丸岡 章：『情報トレーニング—パズルで学ぶ，なっとくの 60 題—』, 朝倉書店 (2014)

[11] 川井 明, 梅津高朗, 高柳昌芳, 市川 治：『データ構造とアルゴリズム』, 学術図書出版社 (2018)

[12] 米田優峻：『問題解決のための「アルゴリズム × 数学」が基礎からしっかり身につく本』, 技術評論社 (2022)

[13] 西澤 弘毅, 森田 光：『Python で体験してわかるアルゴリズムとデータ構造』, 近代科学社 (2018)

[14] 酒井和哉：『Python によるアルゴリズム入門』, オーム社 (2020)

[15] 柴田里程：『データ分析とデータサイエンス』, 近代科学社 (2011)

[16] 稲垣宣生, 山根芳知, 吉田光雄：『統計学入門』, 裳華房 (1993)

[17] ブルース, P., *et al.*：『データサイエンスのための統計学入門 第 2 版』, オライリー・ジャパン (2020)

[18] 松原 望, 森本栄一：『わかりやすい統計学—データサイエンス基礎』, 丸善出版 (2021)

序章

[19] 岡野原大輔：『大規模言語モデルは新たな知能か』, 岩波書店 (2023)

[20] 小野 哲：『ソフトウェア開発に ChatGPT は使えるか』, 技術評論社 (2023)

第 1 章

[21] 佐藤健一：『塵劫記を読みとく百科』, 丸善出版 (2021)

[22] 脇本和昌：『乱数の知識』, 森北出版 (1970)
https://ismrepo.ism.ac.jp/search?page=2&size=20&sort=controlnumber&search_type=2&q=1911

第 2 章

[23] 岩谷 宏：『入門 正規表現』, 技術評論社 (2008)

[24] 佐藤修一：『デジタル数学に強くなる』, 講談社 (1988)

[25] 大森清美：『新版　魔方陣の世界』, 日本評論社 (2018)

[26] 政党別得票数
https://ja.wikipedia.org/wiki/ドント方式 (最終更新 2024 年 1 月 15 日)

[27] ISBN コード/日本図書コード/書籍『JAN コード利用の手引き 2010 年版』p.15
https://isbn.jpo.or.jp/doc/08.pdf

[28] ルーン・アルゴリズム
https://ja.wikipedia.org/wiki/Luhnアルゴリズム (最終更新 2020 年 10 月 14 日)

[29] 合計特殊出生率 図表 1-1-7 出生数, 合計特殊出生率の推移
https://www.mhlw.go.jp/stf/wp/hakusyo/kousei/19/backdata/01-01-01-07.html

[30] 綾皓二郎：線形回帰分析による「漢字の将来」の予測（1963）と 50 年後の漢字含有率の実際〜分析方法と結果の再検討, および統計教育への教訓〜,『情報科学技術フォーラム（FIT2013）講演論文集』12(4), 453-456(2013)

[31] 中村和之: 所得格差を測る指標 − ジニ係数とローレンツ曲線
https://www.pref.toyama.jp/sections/1015/ecm/back/2005apr/shihyo/

[32] ジニ係数　総理府統計局 家計調査年報（家計収支編）2022 年　EXCEL 閲覧用 fn02.xls. 第 2 表　年間収入五分位・十分位階級別（二人以上の世帯）年間収入

[33] Shannon, C. E., Weaver, W. : *The Mathematical Theory of Communication*. Univ. Illinois Press, Urbana (1978). 植松友彦（訳）:『通信の数学的理論』筑摩書房 (2009)

[34] Alternative to Shannon's entropy when probability equal to zero
https://stats.stackexchange.com/questions/57069/alternative-to-shannons-entropy-when-probability-equal-to-zero

[35] numpy.nan_to_num
https://numpy.org/doc/stable/reference/generated/numpy.nan_to_num.html

第 3 章

[36] 金田康正：『π のはなし』, 東京図書 (1991)

[37] デリー, H., 根本生也 (訳)：『数学 100 の勝利 vol.2　平面図形の問題』, シュプリンガー・フェアラーク東京 (1996)

[38] 円周率を計算する
https://trap.jp/post/1961/

[39] エラトステネスの篩
https://stackoverflow.com/questions/3939660/sieve-of-eratosthenes-finding-primes-python

[40] 遠藤 諭：プログラミング的思考がわからない, IPSJ-MGN620303.pdf (2021)

第 4 章

[41] 小川洋子：『博士の愛した数式』, 新潮社 (2003)

[42] 『オンライン整数列大辞典』
https://oeis.org/?language=japanese

[43] 西来路文朗, 清水健一 :『初学者のための数論入門』, 講談社 (2017)

[44] ニュートン編集部：『素数—謎だらけで奥が深い神秘の数』, ニュートンプレス (2022)

[45] 山本昌宏 (監修)：『文系のためのめっちゃやさしい数学 数と数式編』, ニュートンプレス (2022)

[46] 富永裕久：『美しくて感動する数の教室』, PHP 研究所 (2013)

[47] アルティン予想
https://www.nli-research.co.jp/report/detail/id=73746?pno=2&site=nli

第 5 章

[48] the frequency of the letters of the alphabet in English
https://www3.nd.edu/~busiforc/handouts/cryptography/letterfrequencies.html

[49] Wiktionary:Frequency lists/PG/2006/04/1-10000
https://en.wiktionary.org/wiki/Wiktionary:Frequency_lists/PG/2006/04/1-10000

[50] 日本人大学生用基本語彙　新 JACET8000 (2016 年)
http://language.sakura.ne.jp/s/voc.html

[51] ファレル, P., 鈴木幸敏 (訳)：『Python ではじめる数学の冒険』, オライリー・ジャパン (2020)

[52] 渡辺宙志：『ゼロから学ぶ Python プログラミング』, 講談社 (2020)

[53] 国立天文台編：『理科年表 2022』, p765, P78, 丸善出版（2021）

[54] 2011 年東北地方太平洋沖地震の余震回数データ

https://www.data.jma.go.jp/svd/eqev/data/2011_03_11_tohoku/yukan1.pdf

[55] 政令指定都市の人口と順位
https://uub.jp/rnk/sei_j.html

[56] ケプラーの第 3 法則のデータ Data used by Kepler (1618)
https://en.wikipedia.org/wiki/Kepler\%27s_laws_of_planetary_motion

第 6 章

[57] 黒田俊郎：放射性物質の半減期についての実験
http://deafmath.web.fc2.com/rouken/hosyanou.pdf

[58] 東京都環境局：放射性物質の半減期
https://www.kankyo.metro.tokyo.lg.jp/policy_others/radiation/about/hangenki.html

[59] 矢崎成俊：『実験数学読本』, 日本評論社 (2016)

[60] ビュフォンの針の問題と確率の導出
https://manabitimes.jp/math/1065

[61] ビュフォンの針
https://ja.wikipedia.org/wiki/ビュフォンの針 (最終更新 2022 年 8 月 30 日)

[62] サハ, A., 黒川利明 (訳)：『Python からはじめる数学入門』, オライリー・ジャパン (2016)

[63] 山口昌哉：『カオスとフラクタル―非線形の不思議』, 講談社 (1986)

[64] 下条隆嗣：『カオス力学入門』, 近代科学社 (1992)

[65] ロジスティック写像とリターンマップ
https://ja.wikipedia.org/wiki/ロジスティック写像 (最終更新 2024 年 1 月 20 日)

[66] 幸谷智紀：Python プログラミング環境における多倍長精度数値計算について, 静岡理工科大学紀要 vol.28, 2020, pp.23-31

[67] gmpy
http://labs.beatcraft.com/ja/index.php?gmpy

第 8 章

[68] フランスの国旗
https://ja.wikipedia.org/wiki/フランスの国旗 (最終更新 2024 年 1 月 24 日)

[69] 岩谷 宏：『にっぽん再鎖国論―ぼくらに英語はわからない』, p.265, ロッキング・オン社 (1982)

[70] ColabTurtlePlus の公式ドキュメント
https://larryriddle.agnesscott.org/ColabTurtlePlus/documentation2.html

第 9 章

[71] tkinter.ttk モジュール
https://docs.python.org/ja/3/library/tkinter.ttk.html

[72] PySimpleGUI
https://pypi.org/project/PySimpleGUI/

索引

著者紹介

綾 皓二郎（あや こうじろう）

1968　東北大学工学部卒業

1970　東北大学大学院工学研究科修士課程修了

㈱東芝を経て

1975　東北大学医学部助手　生体情報科学・神経科学を専攻

1986　医学博士（東北大学）

1989　石巻専修大学理工学部助教授

1993　石巻専修大学理工学部教授

　　　「情報システム概論」「情報理学」などを担当

　　　大学入試センター試験『情報関係基礎』作題委員（2002，2003年度）

2015　石巻専修大学退職（石巻専修大学名誉教授）

主な著書

『情報とコンピューティング』（執筆協力）オーム社（2004）

『コンピュータとは何だろうか 第3版』（共著）森北出版（2006）

『計算論的思考を育むPythonプログラミング入門』近代科学社Digital（2023）

◎本書スタッフ

編集長：石井 沙知

編集：伊藤 雅英

図表製作協力：菊池 周二

組版協力：阿瀬 はる美

表紙デザイン：tplot.inc 中沢 岳志

技術開発・システム支援：インプレス NextPublishing センター

●本書の内容についてのお問い合わせ先

近代科学社Digital　メール窓口

kdd-info@kindaikagaku.co.jp

件名に「『本書名』問い合わせ係」と明記してお送りください。

電話やFAX、郵便でのご質問にはお答えできません。返信までには、しばらくお時間をいただく場合があります。なお、本書の範囲を超えるご質問にはお答えしかねますので、あらかじめご了承ください。

計算論的思考を育む
Pythonプログラミング実践問題集

2024年6月7日　初版発行Ver.1.0

著　者　綾 皓二郎
発行人　大塚 浩昭
発　行　近代科学社Digital
販　売　株式会社 近代科学社
　　　　〒101-0051
　　　　東京都千代田区神田神保町1丁目105番地
　　　　https://www.kindaikagaku.co.jp

印刷・製本　京葉流通倉庫株式会社
Printed in Japan

ISBN978-4-7649-0695-2

近代科学社 Digital は、株式会社近代科学社が推進する21世紀型の理工系出版レーベ
ルです。デジタルパワーを積極活用することで、オンデマンド型のスピーディでサステナ
ブルな出版モデルを提案します。

近代科学社 Digital は株式会社インプレス R&D が開発したデジタルファースト出版プラットフォーム
"NextPublishing" との協業で実現しています。